Sci

Grazia Deledda

L'edera

Con un'introduzione all'opera
un'antologia critica
e una bibliografia
a cura di Vittorio Spinazzola

Arnoldo Mondadori Editore

© 1950 Arnoldo Mondadori Editore S.p.A., Milano

6 edizioni B.M.M.
I edizione Oscar Mondadori novembre 1971

ISBN 88-04-39944-9

Questo volume è stato stampato
presso Arnoldo Mondadori Editore S.p.A.
Stabilimento Nuova Stampa - Cles (TN)
Stampato in Italia - Printed in Italy

Ristampe:

12   13   14   15   16   17   18   19   20

1995   1996   1997   1998   1999

La prima edizione Oscar Scrittori del Novecento
è stata pubblicata in concomitanza
con l'undicesima ristampa
di questo volume

Sommario

Introduzione

Dalla narrativa d'appendice al premio Nobel

In un'opera giovanile, la Deledda definisce Eugenio Sue "quel gran romanziere glorioso o infame, secondo i gusti, ma certo molto atto a commuovere l'anima poetica di un'ardente fanciulla". Queste parole illuminano efficacemente il clima in cui si svolse la sua formazione. Grazia nacque a Nuoro nel 1871, da famiglia benestante. Le elementari furono le sole scuole che frequentò regolarmente. In seguito si abbandonò a una congerie di letture, accavallando Dumas, Balzac, Byron, Hugo, Sue, Scott, e la Invernizio. La precoce vocazione di scrittrice si alimentò dunque di un disordinato ultraromanticismo, incline ai vividi contrasti di colori e linee, al fervore e all'enfasi dell'orchestrazione melodrammatica. Compose anche poesie, la Deledda, in quegli anni; ma presto si concentrò sulla prosa.

Nel 1886 pubblicò la prima novella, su un giornale nuorese; due anni piú tardi cominciò a collaborare alla rivista "Ultima moda", ancora con racconti. Del 1890 è il primo romanzo, apparso sull'"Avvenire di Sardegna" col titolo *Stella d'Oriente* e la firma Ilia di Sant'Ismael. Non meno eloquenti sono i titoli degli altri scritti di questo periodo: *Nell'azzurro, Amore regale, Fior di Sardegna, La regina delle tenebre*. Siamo nell'ambito di un gusto feuilletonistico, quale poteva accendere la fantasia di una ragazza cresciuta trasognatamente nell'ombra di una fra le piú remote provincie italiane.

A disciplinare questo apprendistato fu decisivo l'influsso della narrativa verista: sull'esempio del Verga, la Deledda è tratta a chinarsi con commossa partecipazione sulla vita effettuale del suo popolo, osservandone i costumi, meditandone la sorte. Accanto ai pescatori e contadini siciliani assumono cosí dignità letteraria i servi pastori delle *tancas* della Barbagia, i garzoni delle fattorie sperdute alle falde del Gennargentu e dell'Orthobene, le massaie la cui vita trascorre presso il grande focolare, nelle silenziose case del Nuorese, nudamente severe. Nel 1896 *La via del male* ottiene il plauso di Luigi Capuana, critico militante illustre e araldo del verbo verista. La fama della scrittrice comincia a espandersi fuori dell'isola. Ma assieme, la sua personalità ancora imperfettamente formata viene sottoposta a nuove, violente e contrastanti sollecitazioni.

L'orizzonte narrativo è ormai in larga misura dominato dalla prosa dannunziana, sensualmente lussureggiante; le si affiancano i morbidi resoconti di inquietudini spirituali esposti dal Fogazzaro. Anche le voci provenienti dall'estero assumono un timbro di novità: all'influenza del realismo e naturalismo francese, Flaubert, Zola, Maupassant, va subentrando quella del romanzo russo: attraverso Tolstoj e Dostoevskij si compie l'affascinante rivelazione di esperienze di vita collettiva e dimensioni di coscienza largamente inedite per i nostri scrittori. La letteratura italiana conosce insomma un periodo di intenso travaglio, nel quale si riflette il turbamento che scuote l'intero corpo sociale. L'epoca del postrisorgimento è finita. Le classi subalterne si affacciano alla scena storica, ponendo in questione l'assetto che i ceti dirigenti della borghesia liberale hanno dato allo stato unitario. Ai primi moti anarchici è succeduta la formazione e rapida crescita del movimento socialista. Il tentativo di risposta autoritaria impersonato da Francesco Crispi fallisce, con la tragica conclusione dell'impresa africana. La tensione però non si placa ma aumenta, sino a sfociare nei moti operai e contadini di fine secolo, in Sicilia, in Lunigiana, a Milano, sanguinosamente repressi dall'esercito.

Questi avvenimenti imponevano agli intellettuali, ai letterati di assumere delle posizioni, di operare delle scelte che, chiamando in causa l'intera responsabilità personale, investivano anche l'attività espressiva. Il fenomeno assunse una configurazione complessivamente univoca: l'aspetto piú evidente fu uno spostamento di interessi dal terreno storico-sociale allo psicologico-individuale, e l'abbandono di ogni accenno di protesta avanzata a nome e per conto delle classi popolari. Anche la Deledda partecipò di questo processo involutivo. Ed ecco scompaiono dalla sua opera i pur vaghi spunti solidaristici e filantropici riscontrabili in romanzi come *Anime oneste*, *Colombe e sparvieri*, *La via del male* (che, a detta dell'autrice stessa, avrebbe sollevato rumóre « perché ha anche una leggera tinta di socialismo »).

Si compiva intanto l'avvenimento decisivo della sua vita privata. Lasciata finalmente per la prima volta Nuoro, nel 1899, si recava a Cagliari; vi conosceva il funzionario statale Palmiro Madesani, gli si univa in matrimonio e l'anno successivo si trasferiva con lui a Roma. Nella capitale trascorrerà tutti gli anni rimanenti, in una tranquillità raccolta, mai incrinata da turbamenti esterni di qualche rilievo, sino alla morte, nel 1936. La nuova condizione di esistenza le offrí l'opportunità di riconoscere ·meglio le proprie autentiche inclinazioni, alla luce delle nuove forme d'arte cui s'era in nel frattempo accostata. Cosí il mutamento di stati d'animo che negli altri veristi ebbe un significato di sfiducia, rinunzia, retrocessione ideale, per lei fu motivo di rinvigorimento e le consentí di prolungare la sua operosità anche quando il movimento cui in qualche modo non cessava di appartenere era ormai in piena eclisse.

La miglior stagione creativa della Deledda si apre nel 1900 con la pubblicazione di *Elias Portolu* e annovera nei due decenni successivi, tra gli altri titoli, *Cenere*, *L'edera*, *Canne al vento*, *Marianna Sirca*, *L'incendio nell'uliveto*, *La madre*. In questi romanzi appare messo in disparte il sentimento dell'economicità, la lotta fra opposti egoismi utilitari che informava la narrativa verista. L'attenzione resta tuttavia aderente alla realtà del costume contemporaneo, concentrandosi su un motivo che i veristi appunto avevano fortemente sentito: la crisi dell'istituto familiare, nel tramonto delle norme etiche che tradizionalmente informavano gli affetti privati. Le lacerazioni interiori di cui l'individuo soffre al venir meno dei rapporti di coesione tra genitori e figli, tra coniugi, tra amanti acquistano piú dolorosa evidenza dal particolare sfondo ambientale: una terra, la Sardegna, in cui il retaggio morale degli avi è saldamente insediato nelle coscienze, assumendo sostanza di tabú religioso. Chi contravviene alla legge è dunque tutto pervaso d'orrore per il peccato che sente crescere dentro di sé e cui tuttavia non sa né vuole resistere. Perciò gli eroi della Deledda non hanno mai alcun tratto superomistico: la passione da cui sono sospinti non conosce i compiacimenti orgogliosi che esaltano sopra se stesse le creature dannunziane. D'altronde la scrittrice non sottopone il loro turbamento ad alcun esame analitico: si limita a riviverne intensamente la genuinità emotiva. Condivide l'ottica mentale dei personaggi; assieme a loro attende il funesto approssimarsi della tempesta; la affronta tendendo disperatamente ogni energia: ma lascia al destino decidere le sorti dello scontro.

Il metodo narrativo della Deledda consiste in una adesione immediata alla realtà vitale, sentita come il luogo di un eterno contrasto fra opposte forze, che ponendo a prova tutte le doti dell'uomo ne impegnano e ne realizzano al piú alto grado l'umanità. Una forma di realismo coscienziale, insomma, in cui la materialità dell'esistenza appare fortemente spiritualizzata. Nondimeno, i fatti oggettivi riluttano ad assumere un valore di simbolo, cosí come ad accettare una motivazione metafisica. Le occasioni della vita non rimandano ad altro che alla vita stessa, la quale è incapace di fornir loro un significato logico e di ordinarli a un fine di progresso storico. Il vitalismo della Deledda ha una sostanza tormentosamente antiidillica che induce la scrittrice ad affaticarsi di romanzo in romanzo sui termini di una contraddizione destinata a rimanere insolubile, in quanto non illuminata da una organica concezione ideologica o fideistica.

Alla base dei suoi libri c'è sempre un urto fra vecchio e nuovo: l'impulso a contravvenire alla legge deriva da un mutamento di stato sociale o di condizione morale, comunque da un arricchimento di esperienza che induce il protagonista a guardare con occhi diversi il mondo di cui ha sino allora condiviso l'ordine. Egli appare dunque l'oggettivo portatore di una esigenza di rinnovamento, che tuttavia lo urge in modo del tutto irriflesso e proprio perciò non acquista il valore di verità necessario per dare morte alle antiche concezioni: il tabú non incombe mai tanto pauroso come sull'animo di chi è fatalmente trascinato ad infrangerlo. Si spiegano cosí le incertezze strutturali e le ineguaglianze stilistiche che spesso viziano questi libri: le effusioni liriche, le insistenze patetiche, le divagazioni descrittive. Tuttavia il senso della miglior narrativa deleddiana sta proprio nella sua irresolutezza, poiché da essa nasce la forza drammatica degli episodi in cui la crisi delle coscienze esplode, portando finalmente in luce l'unico principio etico cui vada riconosciuto un valore integralmente positivo: il sacrificio di sé.

Certo, la presenza di Dio aleggia ancora sul mondo umano. Ma rappresenta piuttosto il limite dei nostri sforzi che non una certezza, verificabile giorno per giorno, dalla quale attingere fiducia per operare e combattere. Nessuna provvidenza soccorre gli uomini nei loro faticosi erramenti: ma essi non si rassegnano a sentirsene abbandonati. Solo nell'ultima fase della narrativa deleddiana l'ambiguità tende a risolversi. Subentra la volontà di acquistare una maggior compostezza rappresentativa e nitore di scrittura, sorretti da un piú saldo equilibrio di ragioni morali. A sanzionare questa svolta interviene, nel 1926, il premio Nobel: il primo assegnato all'Italia dopo l'ormai lontano caso del Carducci. Ma il miglior decoro formale cui la scrittrice perviene, rappresenta una perdita, non un acquisto, in quanto ha luogo sotto il segno di un rientro nell'ordine dei valori costituiti, che indica un diminuito fervore etico e una accentuata stanchezza della fantasia.

Cosí nei romanzi della vecchiaia – *Annalena Bilsini, Il paese del vento, La chiesa della solitudine* – si attenua fortemente l'interesse di testimonianza offerto dalla rappresentazione del lungo travaglio di un popolo sospeso e incerto tra l'arcaismo oppressivo di una civiltà contadina-feudale non ancora dissolta e la modernità di un mondo borghese incapace di assolvere una funzione davvero liberatoria nei confronti dell'individuo, immettendolo in una collettività solidamente rinnovata. Sub specie Sardiniae è dell'intera Italia che la Deledda parla, riflettendo stati d'animo largamente diffusi, nei primi tormentati decenni del secolo. Qui sta il motivo essenziale della sua non immeritata fortuna di pubblico.

"L'edera"

Il congegno romanzesco dell'*Edera* si impernia su un delitto doppiamente inutile. Annesa, la trovatella adottata dai nobili Decherchi, uccide zio Zua per salvare dalla rovina i suoi benefattori e soprattutto allontanare la tentazione del suicidio da Paulu, ultimogenito della famiglia, di cui è da tempo l'amante segreta. Ma proprio quel giorno il giovane, ricorrendo ai mezzi piú degradanti, è riuscito a procurarsi il denaro necessario. D'altronde il vecchio avaro Zua si era a sua volta deciso ad intervenire in favore dei consanguinei. Annesa non potrebbe dunque aver commesso un errore piú imperdonabile: ed è giusto che, presa dal rimorso, si faccia artefice del proprio castigo, anche se gli uomini non hanno saputo scoprire la sua colpa.

Al di là di questi riferimenti immediati, c'è poi dell'altro. L'omicidio non sarebbe comunque servito a nulla: cioè non avrebbe risparmiato ai Decherchi, e all'inetto Paulu, di declinare sempre piú verso lo sfacelo. Cosí avviene infatti; e quando, dopo molti anni, Annesa torna al paese e accetta anzi di sposare l'antico amante, è solo per compimento di espiazione: « l'edera si riallaccerà all'albero e lo coprirà pietosamente con le sue foglie. Pietosamente, poiché il vecchio tronco, oramai, è morto ».

Mai l'iniziativa umana è in grado di contrastare la volontà del destino; né la ragione può presumere di penetrarne la legge. La realtà non è altro che un dolore senza fine, al quale si può dare significato solo espiandolo. Proprio in virtú della sua concretezza psicologica il dramma coscienziale della protagonista diviene testimonianza di una verità universale, che ha la luce negativa del mistero.

I dati ambientali collaborano a questa trasfigurazione emblematica. Come molti romanzi della Deledda, *L'edera* fornisce un attendibile resoconto sulla decadenza del patriziato terriero sardo. La civiltà feudale sta crollando; e trascina con sé quella parte dei ceti popolari che continua a essere devotamente legata ai padroni d'un tempo. Il vecchio ordine muore e il nuovo non sa nascere ancora. Annesa, la figlia di nessuno, identifica la sua sorte con quella degli aristocratici Decherchi: cerca di salvarli, ma riesce solo a perdere se stessa. Le istituzioni borghesi sono remote all'orizzonte: un aspetto sociologicamente significativo del romanzo è l'assoluta sfiducia, anzi l'estraneità rispetto alla giustizia dei tribunali, che accomuna tutti gli abitanti di Barunei.

Ma alla narratrice non interessa sviluppare analiticamente l'indagine della crisi storica, di cui pure offre un documento oggettivo. Un mutamento nei rapporti sociali non ha, non può avere alcuna importanza; l'individuo risponde di sé solo alla sua coscienza: le circostanze esterne in cui vive non sono che l'occasione per l'esplicarsi di una fatalità che si realizza nell'intimo dell'io. E nella nudità del nostro essere siamo tutti eguali: ciechi tutti, votati all'errore, esuli da una patria che non abbiamo conosciuta.

Ecco il significato dell'«arcana nostalgia» che a parere della Deledda «è nel carattere del popolo sardo»: cioè rende la gente di Sardegna umanamente esemplare. Ed ecco la rilevanza decisiva del colloquio che l'individuo intrattiene con la natura. Piú forse che in altri libri della scrittrice, nell'*Edera* la descrizione paesistica attinge un valore religioso. L'orrore sacro che pervade l'animo davanti ai monti ai boschi alle vallate, nello spettacolo delle albe e dei tramonti, non trasmette alcuna risposta ai nostri quesiti, anzi ne accresce l'angoscia: ma ci incita a ritrovare dentro di noi quel senso originario del bene e del male che possiamo cercare di ignorare ma non cancelleremo mai dalla coscienza.

Questo codice di moralità naturale trova estrinsecazione nel verbo cristiano: non certo nei dogmi, nelle sottigliezze teologiche, negli apparati gerarchici, ma nel nucleo di semplici verità che le scritture custodiscono e che ogni uomo di ingenua fede è in grado di far proprie. Nel libro, le virtú etiche educate dal cristianesimo, in quanto forma d'una religione perenne, appaiono incarnate nella figura altamente suggestiva di prete Virdis. A ritrarre Annesa dal peccato, egli le si rivolge non come ministro del culto ma come uomo, solidale nel dolore che tutte le creature patiscono durante la loro esperienza terrena. In tal modo, la donna saprà tornare da sola a credere in Dio, e ad operare il bene.

La fede è energia di vita: la statura eroica del vecchio prete si contrappone esemplarmente alla meschina debolezza di Paulu. All'origine dello stato di crisi esistenziale che il romanzo raffigura c'è dunque un turbamento del senso religioso. In effetti Paulu è ateo ed ha convinto all'ateismo Annesa, quando essa ha lasciato per lui il fidanzato Gantine, fratello bastardo del nobile proprietario, cresciuto in condizione servile ma ricco di autentica salute interiore.

Se questa è la premessa prima del libro, qui va però anche scorto il motivo dello squilibrio che ne indebolisce la compagine. La Deledda concentra l'attenzione sull'ultimo atto del dramma di Annesa, il delitto, senza motivarne adeguatamente gli antefatti, o meglio lasciandoli in un'ombra equivoca. Parrebbe che il destino della protagonista sia già fissato da quando essa ha trasgredito il comandamento che impone di "non fornicare". Postasi sulla via del male, inevitabilmente sarebbe poi stata portata a infrangere l'altro precetto, "non ammazzare".

L'assassinio di zio Zua avrebbe dunque una motivazione d'ordine anzitutto erotico. Ma nel corpo concreto del libro il peccato della carne viene appena evocato per accenni, non rappresentato direttamente. E quanto al delitto, prevalgono di gran lunga le causali economiche. La struttura del libro se ne avvantaggia in speditezza, a scapito però dell'approfondimento d'indagine. Il ritratto di Annesa ha pagine di notevole intensità, ma registra un difetto di coerenza complessiva, in quanto omette di chiaroscurare convincentemente il rapporto amoroso con Paulu.

Questa incertezza compositiva va addebitata al fatto che, nel tempo in cui scriveva L'edera (1908), la Deledda risentiva ancora fortemente l'influenza veristica e ne era tratta a collocare in primo piano il tema del denaro, del contrasto ıra sentimenti utilitaristici e disinteressati; mentre la sua spontanea sensibilità di scrittrice inclinava a rivivere con immediatezza totale il tema dell'eros, come incapacità di aderire alle vecchie norme dell'etica sessuale e tuttavia impossibilità di trovare salvezza fuori di esse.

Già impostato con chiarezza nell'Elias Portolu dilemma appare qui piuttosto offuscato; e in effetti vier facilmente risolto con il rientro nella tradizione, attraverso il pentimento e la rinunzia, senza lasciare ulteriori tracce nell'animo della protagonista. Vero è che la scrittrice trae assai miglior pro-

fitto da un'altra lezione, quella dei narratori russi, dai quali
ha appreso ad immergere figure ed eventi in un'aura di spi-
ritualità concitata e assorta. Certo, i conflitti interiori non
hanno la ricchezza vertiginosa di riferimenti e implicazioni
propria del mondo mentale dostojeskiano. Al contrario, la
Deledda punta su una caratterizzazione psicologica semplifi-
cata, variando per l'intero corso del romanzo una scarna se-
rie di stati d'animo, dipinti a tinte uniformi e compatte.

E tuttavia, la suggestione del libro consiste appunto nel-
l'elementarità della sua scrittura: cioè nella pacatezza con
cui la narratrice affronta, senza ambagi e artifici, una materia
di alta incandescenza morale. Per questo aspetto *L'edera*
conferma appieno la maggior risorsa deleddiana: il coraggio
stilistico, inteso come capacità di esprimere in termini di nar-
razione piana e avvincente il rovello che la travagliò per
tutta la vita. Ed è chiaro che si trattava d'una risorsa non
solo letteraria ma culturale e civile, in quanto consentiva di
porsi in comunicazione con il pubblico piú largo, proponendo
a lettori d'ogni ceto un discorso che ha sempre per oggetto
la passione vitale di cui si alimenta e consuma la presenza
dell'individuo nel mondo.

Antologia critica

Triste e disperato libro, dove ogni figura e ogni parola tre-
mano nel buio di un fato tragico, senza un solo spiraglio di
salvezza. Pare una tragedia dentro un carcere. Paesaggi primordiali, superstizioni e costumanze medievali, pianure de-
serte, monti brulli sulle cui rocce a picco vanno a frangersi
ritornelli malinconici in un dialetto antico e sonoro, astruso
per noi come un gergo di carcerati.

Ugo Ojetti

Cosí è vero (e gliene han fatto un rimprovero), che i suoi
personaggi son tutti, o quasi, di estrazione umile, istintivi,
incolti. Ma si tratta spesso di un'istintività, di un'incoltura
come può essere di personaggi della Bibbia o di Omero, che
non sapranno di lettere, ma accolgono un'esperienza e una
sapienza piú antica e difficile che le lettere. I suoi, sono
strani pastori, che possono diventar preti, profeti o maghi,
e lo diventano, da un giorno all'altro. Poi, alla Deledda piac-
que sempre ritrarre quelle donne e quegli uomini che sono
o sembrano istintivi, non tanto nel pieno della vita e dell'i-

stinto, quanto negli improvvisi vuoti, nelle crisi, nei passaggi dolenti; e non certo per morbidità o per il femminile piacere di consolare, anzi per un vigor d'animo, perché le piaceva ficcar gli occhi nel difficile, perché Grazia, piú di tanti uomini, aveva il cuore bravo.

Pietro Pancrazi

... l'*Edera* è uno dei libri che rappresentano meglio le grandi possibilità della Deledda. Abbiamo già ricordato il dialogo di certe pagine. Ricordiamo ancora il delitto, che partecipa dell'allucinante potenza degli assassinii di Dostoiewski; e il capitolo seguente, quando Paulu ritorna con il denaro e Annesa si accorge d'aver commesso un delitto inutile. Queste ultime pagine sono un po' grezze: ma anche qui, dove la Deledda riesce a farci sentir pietà per l'omicida, ci torna alle labbra il gran nome di Dostoiewski. Argomenti formidabili come questi non oserebbe toccarli nessuno dei nostri romanzieri posteriori al Manzoni.

Attilio Momigliano

Quel venir meno, cui si è già accennato, dell'attenzione ai fatti sociali impediva alla scrittrice di legare organicamente personaggi e ambiente, vedendo in questo, nella sua concretezza storico-sociale, le ragioni di quelli e delle loro opere, sicché sfondo regionalistico e problematica morale si collocavano su due piani diversi (non altrimenti accadeva, intanto, anche se in altri modi al D'Annunzio; non altrimenti a Svevo) o tendevano almeno a collocarsi su due piani diversi, con uno scarto, come in Fogazzaro, tra il piano "tragico" dei protagonisti, e quello "comico-macchiettistico" dei personaggi minori.

Giuseppe Petronio

Novelle, si direbbe, a rosso e nero: non come nel titolo ambiguo e stimolante dello Stendhal, ma nemmeno soltanto come nello stilizzamento legnoso della *Fiaccola sotto il moggio*. Ne deriva un "chiaroscuro", appunto; che conserva bensí qualcosa della tradizionale novella, ma non è disegno, è macchia di colore, e già suggestione di musica, per cui alla regionale Deledda potranno guardare poi il Tozzi, l'Alvaro. Compromettendo l'equilibrio dalla parte del dramma, simile era stato il caso dell'*Edera*; dove insiste a compenso qualcosa di volutamente regionalistico, unico romanzo in cui la Deledda scrive sistematicamente *ziu*, alla sarda, anziché "zio". Ragion per cui anche costí non il dramma delle anime resta nella memoria a libro chiuso ma il contrasto di rosso e nero, e lo stesso dramma delle anime solo in quanto fantasiosamente risolto in quel contrasto.

Eurialo De Michelis

Il prete Virdis diventa un personaggio centrale nelle ultime pagine del romanzo. L'umile prete comprende da uomo la tragedia di ciascun personaggio e soccorre tutti; in nessun romanzo fogazzariano, dove i preti parlano e fanno programmi, si incontra un prete il quale abbia lontanamente l'umanità schietta, sana, generosa di questo don Virdis che rispecchia il modo antintellettuale, patriarcale, della Deledda di intendere la religione.

Antonio Piromalli

Opere di Grazia Deledda

Un'ampia scelta di scritti narrativi è fornita dai *Romanzi e novelle*, a cura di E. Cecchi, 4 voll., Milano, 1941 sgg. Altre, piú recenti sillogi complessive, sono le *Opere scelte*, a cura di E. De Michelis, 2 voll., Milano, 1964; i *Romanzi e novelle*, a cura di N. Sapegno, Milano, 1971; e i *Romanzi sardi*, a cura di V. Spinazzola, Milano, 1981. Si vedano inoltre le pagine assegnate alla Deledda nei *Narratori dell'Ottocento e del primo Novecento*, a cura di A. Borlenghi, III, Milano-Napoli, 1963; ed i *Versi e prose giovanili*, a cura di A. Scano, Milano, 1938 (nuova ed., Milano, 1972).

Bibliografia critica

L. Capuana, in *Gli "ismi" contemporanei*, Catania, 1898; G. A. Borgese, in *La vita e il libro*, II, Torino, 1911; B. Croce, in *La letteratura della nuova Italia*, VI, Bari 1940 (il saggio sulla D. è del 1934); A. Bocelli, *In morte di G. D.*, in "Nuova Antologia", 1936; A. Momigliano, in *Storia della letteratura italiana*, Milano-Messina, 1936; E. De Michelis, *G. D. e il decadentismo*, Firenze, 1938; P. Pancrazi, in *Ragguagli di Parnaso*, vol. II e III, Milano-Napoli, 1967 (gli scritti sulla D. sono del 1922, 1936, 1937); E. Cecchi, introduzione ai *Romanzi e novelle* citt. e in AA.VV., *Storia della letteratura italiana*, IX, Milano, 1969; N. Sapegno, in *Pagine di storia letteraria*, Palermo, 1960 (il saggio sulla D. è del

1946); J. Petkanov, *L'opera di G. D.*, in "Annuario dell'Università di Sofia. Facoltà storico-filologica", 1948; L. Roncarati, *L'arte di G. D.*, Firenze-Messina, 1949; E. Buono, *G. D.*, Bari, 1951; G. Petronio, in Autori Vari, *Letteratura italiana. I contemporanei*, I, Milano, 1963; A. Piromalli, *G. D.*, Firenze, 1968; V. Spinazzola, *G. D. e il pubblico*, in "Problemi", n. 35, 1973; M. Giacobbe, *G. D.*, Milano, 1973; B. De Chiara, *Psicologismo deleddiano in "Elias Portolu" e "Canne al vento"*, Napoli, 1975; M. Miccinesi, *G. D.*, Firenze, 1975; O. Lombardi, *Invito alla lettura di G. D.*, Milano, 1979; A. Dolfi, *G. D.*, Milano, 1979.

L'edera

I

Era un sabato sera, la vigilia della festa di San Basilio, patrono del paese di Barunèi. In lontananza risonavano confusi rumori; qualche scoppio di razzo, un rullo di tamburo, grida di fanciulli; ma nella straducola in pendio, selciata di grossi ciottoli, ancora illuminata dal crepuscolo roseo, s'udiva solo la voce nasale di don Simone Decherchi.

« Intanto il fanciullo è scomparso » diceva il vecchio nobile, che stava seduto davanti alla porta della sua casa e discuteva con un altro vecchio, ziu Cosimu Damianu, suocero d'un suo figlio. « Chi l'ha veduto? Dov'è andato? Nessuno lo sa. La gente dubita che l'abbia ucciso il padre... E tutto questo perché non c'è piú timor di Dio, piú onestà... Ai miei tempi la gente non osava neppure figurarsi che un padre potesse uccidere il figlio... »

« Timor di Dio, certo, la gente non ne ha piú » ribatté ziu Cosimu, la cui voce rassomigliava a quella di don Simone: « ma questo non vuol dire. La Storia Sacra, persino, ha esempi di calunnie terribili contro poveri innocenti. Il ragazzo scomparso, poi, il figlio di Santus il pastore, era un vero diavoletto. A tredici anni rubava come un vecchio ladro, e Santus non ne poteva piú. Lo ha bastonato, e il ragazzo è scomparso, se n'è andato in giro per il mondo. Prima di partire disse al vecchio pastore compagno di suo padre: andrò come la piuma va per l'aria, e non mi rivedrete piú. »

Don Simone scuoteva la testa, incredulo, e guardava lontano, verso lo sfondo della strada. Una figurina nera si avanzava, rasentando i muri delle basse casette grigie e nere.

Un'altra figurina di fanciulla paesana si delineava

sullo sfondo giallognolo d'una porticina illuminata, e pareva intenta alle chiacchiere dei due vecchi.

Attraverso la porta spalancata della casa di don Simone si vedeva un andito e in fondo all'andito un'altra porta con uno sfondo di bosco.

La casa Decherchi era antica, forse medioevale; la porta grande e nera con l'architrave a sesto acuto, il cornicione, i due balconcini di ferro che minacciavano di cadere, la rendevano ben diversa dalle altre casette meschine del villaggio. Pareva una casa lacerata, malata, ma che conservasse una certa aria di grandezza ed anche di prepotenza. Quei muri scrostati che lasciavano vedere le pietre corrose, quella porta nera tarlata, ricoverata sotto il suo arco come un nobile decaduto sotto il suo titolo, quel cornicione sul quale cresceva l'euforbia, quella coperta da letto, logora e lucida, di antico damasco verdognolo, che pendeva melanconicamente da un balconcino del piano superiore, avevano qualche cosa di triste e di fiero, ed anche di misterioso, e richiamavano l'ammirazione dei paesani abituati a considerare la famiglia Decherchi come la piú antica e nobile del paese.

Don Simone rassomigliava alla sua casa: vestiva in borghese, ma conservava la berretta sarda, e i bottoni d'oro al collo della camicia; anche lui cadente e fiero, alto e curvo, sdentato e con gli occhi neri scintillanti. I capelli folti candidissimi, la barba corta e bianca a punta, davano al suo viso olivastro, dal naso grande e i pomelli sporgenti, un risalto caratteristico, fra di patriarca e di vecchio soldato di ventura.

E ziu Cosimu Damianu, che conviveva coi Decherchi, rassomigliava a don Simone. La stessa statura, gli stessi capelli bianchi, gli stessi lineamenti, la stessa voce; ma un non so che di rozzo, di primitivo, e il costume paesano, rivelavano in lui il vecchio plebeo, il lavoratore umile e paziente, sul quale la lunga convivenza con un uomo superiore come don Simone aveva operato una specie di suggestione fisica e morale.

« Dieci giorni passarono e il ragazzo non tornò » continuava a raccontare. « Allora il padre si mise in viaggio, andò fino ad Ozieri, andò fino alla Gallura. Incontrò un pastore e gli domandò: "Per caso, hai veduto un ragazzo con gli occhi celesti e un neo sulla fronte?". "Perdio, sí, l'ho veduto: è servetto in uno stazzo della Gallura" rispose il pastore. Allora Santus, rassicurato, se ne tornò in paese. Ed ecco che ora la gente stupida va dicendo delle cose orribili, e la giustizia dà retta ai pettegolezzi delle donnicciuole, e il povero padre è perseguitato da tutti. Ora dicono che è ripartito in cerca del figlio. »

Don Simone scuoteva la testa, e sorrideva un po' beffardo: ziu Cosimu era stato sempre un uomo ingenuo! Ma senza offendersi per l'evidente ironia del vecchio nobile, il paesano domandò, animandosi:

« Ma, figlio di Sant'Antonio, perché ti ostini a pensar sempre male del prossimo? »

L'altro cessò di sorridere: si fece serio, quasi cupo.

« I tempi son cattivi. Non c'è timor di Dio, e tutto è possibile, ora. I giovani non credono in Dio, e noi vecchi... noi siamo come la pasta frolla, vedi cosí... » e con la mano accennava a tirare qualche cosa di molle, di frollo; « lasciamo correre trenta giorni per un mese, e... tutto va a rotoli. »

« Questo, forse, è vero! » esclamò ziu Cosimu: e cominciò a battere il suo bastone su un ciottolo e non parlò piú. Don Simone lo guardò e sorrise di nuovo.

« Io sono come la giustizia: penso sempre la peggio e spesso indovino... Ne vedremo, se vivremo, Cosimu Damià! »

L'altro continuò a picchiare il bastone per terra: ed entrambi, uno triste, l'altro sorridente, pensarono alla stessa cosa, o meglio alla stessa persona.

Intanto una donna anziana, avvolta in un lungo

scialle nero frangiato e ricamato, dopo aver salito il pendio della strada s'era fermata presso i due vecchi.

« Dov'è Rosa? » domandò, aprendo alquanto i lembi dello scialle.

« Dev'essere nel cortile, con Annesa » rispose ziu Cosimu.

« Dio, che caldo: in chiesa si soffocava » riprese la donna, che era alta, con gli occhi neri cerchiati, e il viso stretto da due bende di capelli che parevano di raso grigio.

Ziu Cosimu la guardò e scosse la testa. Cosí alta e cerea, col suo scialle nero, la sua figliuola diletta gli sembrava la Madonna addolorata.

« In chiesa si soffocava? » disse con lieve rimprovero. « È per questo che non tornavi piú? Che frugavi ancora, laggiú? »

« Mi confessavo: domani ci sarà la comunione generale » rispose semplicemente la donna; poi s'avviò per entrare, ma prima si volse ancora e disse: « Paolo non è tornato? Non è tornato a quest'ora, non arriverà piú, per stasera. Ora prepareremo la cena ».

« Che abbiamo da mangiare, Rachele? » domandò sbadigliando don Simone.

« Abbiamo ancora le trote, *babbai* (1), e poi friggeremo delle uova. Meno male, non abbiamo ospiti. »

« Eh! possono arrivare ancora! » esclamò ziu Cosimu, non senza amarezza. « L'albergo è povero, ma è ancora comodo per quelli che non vogliono pagare! »

« Avevamo le trote e non ricordavo! » esclamò don Simone, rallegrandosi all'idea della buona cenetta. « E se arrivano ospiti ce n'è anche per loro! Sí, ricordo, per la festa arrivavano molti ospiti; c'è stato un anno che ne abbiamo avuti dieci o dodici. Ora la gente non va piú alle feste, non vuol sentire piú a parlare di santi. »

_____

(1) Babbo.

« Adesso la gente è povera, Simone mio; vive lo stesso anche senza feste. »

« Anche la lepre corre sempre, sebbene non vada in chiesa » disse il vecchio nobile, cominciando a irritarsi per le contraddizioni di ziu Cosimu.

E mentre i due nonni continuavano la loro discussione, donna Rachele attraversò l'andito ed entrò nella camera in fondo, attigua alla cucina.

L'ultimo barlume del crepuscolo penetrava ancora dalla finestra che guardava sull'orto. Mentre donna Rachele si levava e piegava lo scialle, una voce dispettosa disse:

« Rachele, ma potresti accenderlo, un lume! Mi lasciate solo, mi lasciate al buio come un morto... »

« Zio, è ancora giorno, e si sta piú freschi senza lume » ella rispose con la sua voce dolce e le parole lente. « Adesso accendo subito. Annesa » disse poi, affacciandosi all'uscio di cucina « che stacci ancora la farina? Smetti, è tardi. E Rosa dov'è? »

« Eccola lí, in cortile » rispose una voce velata e quasi flebile. « Ora finisco. »

Donna Rachele accese il lume, e lo depose sulla grande tavola di quercia che nereggiava in fondo alla stanza, tra l'uscio dell'andito e la finestra. E la vasta camera, alquanto bassa e affumicata, col soffitto di legno sostenuto da grosse travi, apparve ancora piú triste alla luce giallognola del lume ad olio. Anche là dentro tutto era vecchio e cadente: ma il canapè antico, dalla stoffa lacerata, la tavola di quercia, l'armadio tarlato, il guindolo, la cassapanca scolpita, e insomma tutti i mobili conservavano nella loro miseria, nella loro vecchiaia, qualche cosa di nobile e distinto. Su un lettuccio, in fondo alla camera, stava seduto, appoggiato ai cuscini di cotonina a quadri bianchi e rossi, un vecchio asmatico che respirava penosamente.

« Si sta freschi, sí, si sta freschi » egli riprese a borbottare con voce ansante e dispettosa; « potessi star fresco almeno! Annesa, figlia del demonio, se tu mi portassi almeno un po' d'acqua!»

«Annesa, porta un po' d'acqua a zio Zua» pregò donna Rachele, attraversando la cucina ancora piú vasta e affumicata della camera.

La donna, che aveva avvicinato alla porta il canestro della farina, s'alzò, si scosse le vesti, prese la brocca dell'acqua e ne versò un bicchiere.

«Annesa, la porti o no quest'acqua?» ripeteva il vecchio asmatico, con voce quasi stridente.

Annesa entrò, s'avvicinò al lettuccio, il vecchio bevette, la donna lo guardò. Mai figure umane s'erano rassomigliate meno di quei due.

Ella era piccola e sottile; pareva una bambina. La luce del lume dava un tono di bronzo dorato al suo viso olivastro e rotondo, del quale la fossetta sul mento accresceva la grazia infantile. La bocca un po' grande, dai denti banchissimi, serrati, eguali, aveva una lieve espressione di beffa crudele, mentre gli occhi azzurri sotto le grandi palpebre livide, erano dolci e tristi. Qualche cosa di beffardo e di soave, un sorriso di vecchia cattiva e uno sguardo di bambina triste, erano in quel viso di serva taciturna e malaticcia, la cui testa si piegava all'indietro quasi abbandonandosi al peso d'una enorme treccia biondastra attorcigliata sulla nuca. Il collo lungo e meno bruno del viso usciva nudo dalla camicia scollata: il corsetto paesano si chiudeva su un piccolo seno: e tutto era grazioso, agile, giovanile, attraente, in quella donna della quale soltanto le mani lunghe e scarne svelavano l'età matura.

La figura del vecchio asmatico ricordava invece qualche antico eremita moribondo in una caverna

Il suo viso, raggrinzito da una sofferenza intensa, dava l'idea d'una maschera di cartapecora. Tutto era giallognolo e come affumicato, in quella figura triste e cupa: e il petto peloso e ansante, che la camicia slacciata lasciava scoperto, e i capelli arruffati, la barba giallastra, le mani nodose, e tutte le membra, che si disegnavano scheletrite sotto il lenzuolo, avevano un brivido di angoscia.

Egli lo diceva sempre:

« Io vivo solo per tremare di dolore. »

Ogni cosa gli dava fastidio, ed egli era di grande fastidio a tutti, pareva vivesse solo per far pesare la sua sofferenza sugli altri.

« Annesa » gemette mentre la donna si allontanava col bicchiere vuoto in mano « chiudi la finestra. Non vedi quante zanzare? Cosí possano pungerti i diavoli, come mi pungono le zanzare. »

Ma Annesa non rispose, non chiuse la finestra; tornò in cucina, depose il bicchiere accanto alla brocca, poi uscí nel cortile, ed accese il fuoco in un angolo sotto la tettoia. D'estate, perché il calore ed il fumo non penetrassero nella camera ove giaceva il vecchio asmatico, ella cucinava fuori, in quell'angolo di tettoia trasformato in cucina.

Una pace triste regnava nel cortile lungo e stretto, in gran parte ingombro di una catasta di legna da ardere. La luna nuova, che cadeva sul cielo ancora biancastro, di là del muro sgretolato, illuminava l'angolo della tettoia. S'udivano voci lontane, scoppi di razzi e un suono di corno, rauco ed incerto, che tentava un motivo solenne:

Va, pensiero, sull'ali dorate...

Annesa mise il treppiede nero sul fuoco e mentre donna Rachele andava nella dispensa per riempire d'olio la padella, una bambina di sei o sette anni, con una enorme testa coperta di radi capelli biondastri, s'affacciò alla porticina socchiusa dell'orto.

« Annesa, Annesa, vieni; di qui si vedono bene i razzi » gridò con una vocina di vecchia sdentata.

« Rientra tu, piuttosto, Rosa: è tardi, ti morsicherà le gambe qualche lucertola... »

« Non è vero » riprese la vocina, un po' tremula. « Vieni, Annesa, vieni... »

« No, ti ho detto. Rientra. Ci sono anche le rane, lo sai bene... »

La bambina entrò, s'avanzò paurosa fino alla tettoia. Un goffo vestitino rosso, guarnito di merletti gialli, rendeva piú sgraziata la sua figurina deforme, e piú brutto il suo visino scialbo di vecchietta senza denti, schiacciato dalla fronte idrocefala smisurata e sporgente.

« Siedi lí » disse Annesa « i razzi si vedono anche stando qui. »

Qualche razzo, infatti, attraversava come un cordone d'oro il cielo pallido, e pareva volesse raggiunger la luna; poi d'un tratto scoppiava, dividendosi in mille scintille rosse azzurre e violette.

Rosa, seduta sul carro sardo, in mezzo al cortile, fremeva di piacere e chinava la testa, con la paura e la speranza che quella pioggia meravigliosa cadesse su lei.

« Almeno una, di quelle scintille » gridò, chinando la fronte enorme e stendendo la manina. « Ne vorrei una! Quella d'oro: deve essere una stella! »

« Mattina! » disse la nonna, che ritornava con la padella colma d'olio.

Annesa mise la padella sul treppiede e la *dama* rientrò per apparecchiare la tavola.

« Cadono molto lontano? » riprese la bambina. « Sí? Nel bosco? Dove sono le lucertole? »

« Oh, piú lontano, certo » rispose la donna, che aveva cominciato a friggere le trote.

« Dove, piú lontano? Nello stradale? Ti pare che qualcuna cada vicino al babbo mio? E se gli cade addosso? »

« Chi sa! » disse Annesa pensierosa « Credi tu, Rosa, che egli possa tornare stasera? »

« Io, sí, lo credo! » esclamò vivacemente la bambina. « E tu, Anna? »

« Io non so » disse la donna, già pentita d'aver parlato. « Egli torna quando vuole. »

« Egli è il padrone, vero? Egli è tanto forte, egli può comandare a tutti, vero? » interrogò Rosa, ma con accento che non ammetteva una risposta negativa.

Egli può fare quello che vuole; può fare anche da cattivo, vero? Nessuno lo castiga, vero? »

« Vero, vero » ammise la donna con voce grave.

Poi entrambe, la bambina sul carro, Annesa davanti al fuoco, tacquero pensierose.

« Annesa » gridò d'un tratto Rosa, « eccolo, viene! Sento il passo del cavallo. »

Ma l'altra scosse la testa. No, non era il passo del cavallo di Paulu Decherchi. Ella lo conosceva bene, quel passo un po' cadenzato di cavallo che ritornava stanco dopo un lungo viaggio. Eppure il passo di cavallo avvertito da Rosa si fermò davanti al portone.

« Credo sia un ospite » disse Annesa con dispetto. « Speriamo sia il primo e l'ultimo. »

Ma donna Rachele uscí di nuovo nel cortile, porse ad Annesa alcune uova che teneva nel grembiale, e disse con gioia:

« Lo dicevo, che non era tempo da disperare. Ecco un ospite. »

« Bella notizia! » rimbeccò l'altra.

« Apri il portone, Annesa. Non è bella una festa se non si hanno ospiti in casa. »

La donna mise le uova accanto al fuoco e andò ad aprire.

Un paesano basso e tarchiato con una folta barba bruna, era smontato di cavallo e salutava i nonni ancora seduti davanti alla porta.

« Stanno bene, che Sant'Anna li conservi! »

« Benissimo » rispose don Simone. « Non vedi che sembriamo due giovincelli di primo pelo? »

« E Paulu, Paulu, dov'è? »

« Paulu tornerà forse domani mattina: è andato a Nuoro per affari. »

« Donna Rachele, come sta? Annesa, sei tu? » disse l'ospite, entrando nel cortile e tirandosi dietro il cavallo. « Come, non hai ancora preso marito? Dove leghiamo il cavallo? Qui, sotto la tettoia? »

« Sí, fa da te » rispose donna Rachele. « Fa il tuo comodo come se fossi in casa tua. Lega il cavallo qui sotto la tettoia, perché la stalla è ingombra di sacchi di paglia. »

Annesa provò quasi gusto al sentir donna Rachele nentire.

"Sí" pensò con amarezza "la festa non è bella senza ospiti, ma intanto anche i santi devono dire qualche bugia perché il tetto della stalla è rovinato e non si trovano i soldi per accomodarlo..."

« Le tue sorelle stanno bene? » domandò poi donna Rachele, aiutando l'ospite a legare il cavallo. « E la tua mamma? »

« Tutti bene, tutte fresche come rose » esclamò l'uomo, traendo un cestino dalla bisaccia. « Ecco, questo, appunto, lo manda mia madre. »

« Oh, non occorreva disturbarvi » disse la dama prendendo il cestino.

E rientrò nella cucina, seguita dall'ospite, mentre Annesa, triste e beffarda, si piegava davanti al fuoco e batteva leggermente un uovo sulla pietra che serviva da focolare.

Rosa scese pesantemente dal carro e rientrò anche lei, curiosa di sapere cosa c'era dentro il cestino.

Nella camera del vecchio asmatico, che serviva anche da sala da pranzo, la tavola era apparecchiata per quattro: donna Rachele mise un'altra posata, e l'ospite si avvicinò a zio Zua.

« Come va, come va? » gli domandò, guardandolo curiosamente.

Il vecchio ansava e con una mano si palpava il petto, sul quale teneva, appesa ad un cordoncino unto, una medaglia al valor militare.

« Male, male » rispose, guardando fisso l'ospite, che non aveva subito riconosciuto. « Ah, sei tu, Ballore Spanu. Ti riconosco benissimo, adesso. E le tue sorelle hanno preso marito? »

« Finora no » rispose l'uomo, un po' seccato per questa domanda.

In quel momento i due nonni rientrarono, trascinandosi dietro le sedie, e si misero a tavola, assieme con l'ospite, donna Rachele e la bimba.

« Questa è la figlia di Paulu? » domandò l'uomo, guardando Rosa. « Ha questa sola bambina? Non pensa a riprender moglie? »

« Oh, no » rispose donna Rachele, con un sorriso triste. « È stato troppo sfortunato la prima volta; per ora non pensa affatto al matrimonio. Sí, questa è la sua unica bambina. Ma serviti, Ballore, tu non mangi niente? Prendi questa trota, vedi, questa. »

« E il vostro parroco, quel vecchio prete che una volta subí una grassazione, è vivo ancora? » domandò ziu Cosimu.

« Altro se vive! È vegeto anche... »

Mentre cosí chiacchieravano, si sentí picchiare al portone.

« Deve essere un altro ospite » disse donna Rachele « ho sentito il passo di un cavallo. »

« È forse *babbai* » gridò Rosa, e scese dalla sedia e corse a vedere.

Un altro ospite parlamentava con Annesa davanti al portone. Era un uomo scarno e nero, miseramente vestito. La donna non lo conosceva e lo guardava con evidente ostilità.

« È questa la casa di don Simone Decherchi? » diceva l'ospite. « Io sono di Aritzu, mi chiamo Melchiorre Obinu e sono figlioccio di Pasquale Sole, grande amico di don Simone. Il mio padrino mi ha dato una lettera per il suo amico. »

« L'osteria è aperta! » borbottò Annesa, ma andò ad avvertire don Simone che il figlioccio del suo amico domandava ospitalità, e il vecchio nobile per tutta risposta ordinò di mettere un'altra posata a tavola.

Ma il nuovo ospite volle restare in cucina, e appena Annesa gli mise davanti un canestro con pane, formaggio, lardo, cominciò a mangiare con avidità. Doveva essere molto povero: era vestito quasi miseramente, e i suoi grandi occhi tristi parevano gli occhi stanchi di un malato. Annesa lo guardava e sentiva cadere il suo dispetto. Dopo tutto, poiché i Decherchi si ostinavano ad aprire la loro casa a tutti, meglio dar da mangiare ai poveri che ai ricchi scrocconi come quel Ballore Spanu.

« Ecco, mangia questa trota » disse offrendogli una parte della sua cena. « Adesso ti darò anche da bere. »

« Dio te lo paghi, sorella mia » egli rispose, sempre mangiando.

« Sei venuto per la festa? »

« Sí, sono venuto per vendere sproni e briglie. »

Annesa gli versò da bere.

« Dio te lo paghi, sorella mia. »

Egli bevette, la guardò, e parve vederla solo allora. I capelli di lei, sopratutto, attirarono i suoi sguardi.

« Sei la serva, tu? » domandò.

« Sí. »

« Ma sei del paese, tu? Mi pare di no. »

« Infatti non lo sono. »

« Sei forestiera? »

« Sí, sono forestiera. »

« Di dove sei? »

« D'un paese del mondo... »

Ella andò nella camera attigua, poi uscí nel cortile, rientrò.

L'ospite povero profittò dell'assenza di lei per versarsi un altro bicchiere di vino, e diventò allegro, quasi insolente.

« Sei fidanzata? » chiese alla donna, quando essa tornò. « Se no, guarda se ti convengo. Son venuto per vendere sproni e briglie e per cercarmi una sposa. »

Ma questo scherzo non garbò ad Annesa, che ridiventò triste e beffarda:

« Puoi mettere una delle tue briglie al collo di qualche donna, e cosí trascinartela dietro fino al tuo paese. »

« No, davvero » insisté l'altro « fammi sapere se hai o no il fidanzato. Dal modo aspro con cui mi parli, parrebbe di no: o è molto brutto. »

« E invece t'inganni, fratello caro: il mio sposo è molto piú bello di te. »

« Fammelo conoscere. »

« Perché no? Aspetta. »

Ella rientrò nella sala da pranzo, e dopo le trote servì le uova fritte con cipolle, e in ultimo una focaccia di pasta e formaggio fresco.

« Non aspettavamo ospiti » si scusava donna Rachele, rivolgendosi con evidente umiliazione a Ballore Spanu. « Perdona, dunque, Ballore, se ti trattiamo male. »

« Voi mi trattate come un principe » rispondeva l'ospite, e mangiava e beveva allegramente.

Anche i due nonni scherzavano. Don Simone era, o sembrava, lieto e sereno come Ballore l'aveva sempre conosciuto: nel riso di ziu Cosimu strideva invece qualche nota triste; e anche il vecchio asmatico, che masticava lentamente la polpa rosea d'una trota, prendeva parte alla conversazione, e sogghignava quando l'ospite parlava di Paulu.

« Non c'è che dire, avevamo due testoline sventate, io e suo figlio, donna Raché! » diceva Ballore Spanu. « Ricordo, una volta Paulu venne a trovarmi al mio paese, ed entrambi partimmo assieme, e per un mese le nostre famiglie non seppero nulla di noi. Andammo di festa in festa, di villaggio in villaggio, sempre a cavallo. Che teste, Dio mio! Come si è pazzi, ın gıoventú! »

« Buone lane » mormorò l'asmatico.

« Sí, ricordo » disse donna Rachele. « E che tormento! Credevamo vi avessero arrestati. »

« Perché arrestati? » gridò l'ospite quasi offeso. « Questo poi, no! Eravamo due teste matte, sí, ma due galantuomini, questo possiamo dirlo ben forte. Però, bisogna confessarlo, abbiamo sprecato molti denari... »

« Perciò... » cominciò il vecchio asmatico con la sua voce dispettosa; ma Annesa gli porse da bere e lo guardò fisso, ed egli non osò proseguire. D'altronde Ballore Spanu sapeva bene che le pazzie giovanili di Paulu avevano finito di rovinare la famiglia: non occorreva ripeterlo.

Un'ombra passò sul viso cereo di donna Rachele, e ziu Cosimu disse:

« Paulu è buono, buono come il pane, ma è stato sempre un giovane troppo allegro e spregiudicato. Egli non ha mai avuto timore di Dio; si è sempre divertito, ha goduto la vita in tutti i modi. »

« Si vede che non era destinato a farsi frate! » esclamò l'ospite. « Eppoi bisogna godere finché si è giovani... »

« Scusa, io godo anche ora che son vecchio » osservò don Simone, con accento beffardo. Egli non amava si parlasse male del nipote, con gli estranei, e cercò di cambiare discorso.

« Zua Deché » esclamò, rivolgendosi all'infermo « non è vero che i giovani devono essere piú saggi dei vecchi? »

Il vecchio ansò forte, cercò di sollevarsi, gridò irritato:

« La gioventú? Io sono stato giovane, ma sono stato sempre serio. In Crimea ho conosciuto un capitano francese che mi diceva sempre: voi avete cento anni, sardignolo!... E... e... La Marmora dopo la battaglia... e... e... »

Un colpo di tosse non lo lasciò proseguire: donna Rachele gli andò vicino, gli sollevò il capo, gli accennò di calmarsi.

« Figlio di Sant'Antonio » disse ziu Cosimu, sollevando le mani « perché arrabbiarti cosí? Vedi che ti fa male? »

Ma l'asmatico si ostinava a parlare, e non poteva, e solo qualche parola si distingueva fra i suoi gemiti sibilanti.

« Io... Vittorio Emanuele... la medaglia... Balaclava... Ho lavorato sempre... io... mentre gli altri... »

Annesa andava e veniva. Era divenuta pallidissima, e guardava il vecchio con uno sguardo di odio, ma stringeva le labbra per non gridare contro di lui.

Invano l'ospite povero, quando ella rientrava in cucina, cercava di scherzare e di farla chiacchierare: ella taceva, d'un tratto uscí nel cortile e stette parecchio tempo fuori.

Egli allora si versò un altro bicchiere di vino e si guardò attorno cercando una stuoia su cui potersi coricare; poi gli parve di sentir Annesa parlare con un uomo, nel cortile, e tese l'orecchio.

« Egli sparla di don Paulu » diceva la donna « e gli altri lo lasciano dire... Ah, se potessi, lo butterei giú dal letto... »

« Ma lascialo dire » rispose una voce d'uomo. « Chi non vede che egli è rimbambito? »

Poi le voci tacquero. L'ospite credette di sentire lo scoccar di un bacio, e fremette pensando alla bella bocca di Annesa.

Un giovane servo, coi capelli neri divisi sulla fronte, il viso scuro imberbe e gli occhi dolci entrò in cucina.

« Salute, l'ospite » disse; e sedette davanti al canestro delle vivande.

« Salute abbi » rispose l'altro, guardandolo maliziosamente. « Sei il servo, tu? »

« Sí, sono il servo. Annesa, mi darai da mangiare? Sono tornato tardi, perché sono stato a vedere i fuochi artificiali. Che cosa bella! Pareva che tutte le stelle del cielo cadessero giú sulla terra. Fossero state almeno buone da mangiare! »

E rideva come un fanciullo, socchiudendo i begli occhi castanei, e mostrando due fila di denti minuti e bianchissimi.

Ma Annesa era di cattivo umore: gli porse da mangiare e tornò fuori.

« Che ragazza seria » disse l'ospite seguendola con gli occhi. « Bella, ma seria. »

« Ohè, è inutile che tu la guardi » esclamò il servo, che era molto brillo. « Non fa per te. »

« Lo so: è la tua fidanzata. »

« Come lo sai? »

« Me lo ha detto lei! E ho sentito che vi baciavate!... »

« Ah, te lo ha detto lei? » riprese il servo con gioia. « È vero; siamo fidanzati. Io e lei siamo qui, piú che servi, figli di famiglia. Annesa anzi è *figlia d'anima* (1) della famiglia Decherchi. »

E siccome l'ospite povero s'interessava vivamente alle sue chiacchiere, proseguí, con boria:

« Devi sapere che don Simone è stato quasi sempre sindaco di questo paese. Non si contano le opere buone che ha fatto. Tutti i poveri potevano dirsi suoi figli, tanto egli li soccorreva e li amava. Ora avvenne che molti anni fa, io allora non masticavo ancora il pane, capitò alla festa un vecchio mendicante accompagnato da una bambina di tre anni. Un bel momento quest'uomo fu trovato morto, dietro la chiesa. La bambina piangeva, ma non sapeva dire chi era. Allora don Simone la

---

(1) Figlia adottiva.

prese con sé, la portò qui, la fece allevare in famiglia. Molti dicono che Annesa è continentale: altri credono che il vecchio mendicante l'abbia rubata. »

L'ospite ascoltava con curiosità, ma le ultime parole del servo lo fecero sorridere.

« Chi sa » disse beffardo « ella forse è figlia del re! »

« Sta zitto » pregò allora il servo. « I miei tre vecchi padroni son chiamati i Tre Re. »

« Perché? »

« Cosí, perché sono tre e sono vecchi. »

« Ce n'è uno malato. È fratello di don Simone? »

« Oh, no » protestò il servo, sporgendo le labbra con disprezzo. « È un parente. È un uomo che è stato alla guerra ed ha tanti denari. Ma avaro! Vedi, muore cosí, coi pugni stretti. Sta qui da due anni, ed ha fatto testamento in favore di Rosa, la figlia di don Paulu. »

« Don Paulu è figlio di don Simone? »

« No, è suo nipote: è figlio di don Priamu, che è morto. »

« I tuoi padroni son molto ricchi, vero? »

« Sí » mentí il servo, « sono ancora ricchi; prima lo erano molto di piú. »

Ma in quel momento rientrò Annesa, e il giovane chiacchierone cambiò discorso.

« Anna, costui non vuol credere che l'anno venturo noi due ci sposeremo. Non è vero che siamo cresciuti assieme in questa casa, come parenti? »

« E allora beviamo alla vostra buona fortuna » disse l'ospite; e bevette un po' di vino rimasto nel suo bicchiere.

« Tu ci porterai un'altra bottiglia, Annesa? Sí, sí, va! » supplicò il servo, tendendo alla donna la bottiglia vuota; ma Annesa gli voltò le spalle e volle rientrare nella stanza dove i vecchi padroni e l'ospite ricco chiacchieravano e ridevano.

Ma mentre ella scendeva lo scalino dell'uscio, un passo cadenzato di cavallo risonò nella straducola deserta: ella si fermò, ascoltando, poi disse, rivolta al servo:

« Gantine, è don Paulu! » e attraversò di corsa la cucina dimenticandosi persino di deporre un piatto che teneva in mano.

Poco dopo entrò in cucina un uomo ancora giovane, alto e svelto, tutto vestito di nero, da borghese, col cappello duro.

Gantine balzò in piedi.

« No » gli disse Paulu, dopo aver salutato l'ospite con un cenno del capo, « non levar la sella al cavallo, che è tutto sudato. Lascialo un momento respirare; lo porti poi da ziu Castigu e domani mattina all'alba conducilo al pascolo. »

E mise un piede su uno sgabello per levarsi lo sprone.

L'ospite povero guardava con curiosità: e gli pareva che servo e padrone si rassomigliassero: lo stesso viso bruno, gli occhi lunghi e dolci, la stessa bocca dai labbri sporgenti; senonché Paulu sopravanzava di tutta la testa il servo, e aveva un'aria triste e preoccupata, mentre Gantine sembrava allegro e spensierato. E la bocca del giovine servo era rossa e sorridente, mentre le labbra di Paulu erano pallide, quasi grigie.

"Sí" pensava il venditore di briglie, "adesso ricordo: il mio padrino Pascale Sole mi diceva un giorno che i Decherchi avevano preso in casa, come servo, il figlio illegittimo d'uno di essi. Don Paulu e Gantine devono essere fratelli..."

« Ecco » disse il vedovo, porgendo lo sprone a Gantine, « attaccalo al muro. »

Ed entrò nella camera attigua, dove l'ospite ricco lo accolse con una esclamazione di gioia. Paulu gli strinse la mano, e parve rallegrarsi nel rivedere il suo antico compagno di avventure; ma donna Rachele e i nonni guardarono il vedovo e si accorsero subito che egli non recava buone notizie.

II

Anche Annesa era diventata piú triste e taciturna del solito.

Dopo cena Gantine invitò l'ospite povero ad uscire con lui.

« Ora condurremo il cavallo da ziu Castigu, dopo faremo un giro per il paese. Lascia il portone socchiuso » disse ad Annesa.

« No, davvero! » ella rispose vivacemente. « Forse tu starai fuori tutta la notte. Io chiuderò il portone, e tu puoi prenderti benissimo la chiave. »

« Va bene, addio » disse Gantine, cingendole la vita con un braccio. « Tornerò presto, non dubitare. »

« Fa quello che credi » ella rispose, respingendolo sgarbatamente.

Oltre il cavallo di Paulu i due giovani portarono via anche la giumenta del venditore di briglie, perché sotto la tettoia non c'era posto che per un cavallo. E condussero le due bestie nella stalla di un pastore che era stato per molti anni servo dei Decherchi: poi andarono in una bettola e finirono di ubriacarsi.

Anche Paulu uscí col suo amico; donna Rachele e la bimba andarono a letto, i due nonni chiacchierarono un altro po', Annesa finí di rimettere in ordine la stanza e la cucina, e preparò il suo lettuccio.

Ella dormiva sul canapè, nella stanza da pranzo, per esser pronta alle chiamate del vecchio asmatico; quando Gantine era in paese, donna Rachele, per evitare ai due fidanzati l'occasione d'un pericoloso colloquio notturno, pregava Paulu o ziu Cosimu di sostituire Annesa, e questa dormiva in una delle camere interne; ma quella notte l'ospite povero doveva dormire in cucina assieme con Gantine, e il pericolo era evitato.

La donna preparò le due stuoje per il servo e l'ospite, chiuse il portone, chiuse la porticina che dava sull'orto, e portò via la chiave; in ultimo chiuse col catenaccio l'uscio della camera. Se Gantine tornava non poteva penetrare nella casa di là del cortile e della cucina.

I due nonni si ritirarono, ziu Zua si assopí. Allora Annesa spense il lume, accese la lampadina da notte, ma non si coricò. Non aveva sonno, anzi pareva insolitamente eccitata, e i suoi occhi, ora che nessuno la osservava, brillavano d'una cupa fiamma, avidi e cerchiati.

Uscí nell'andito, spalancò la porta che dava sull'orto e sedette sullo scalino di pietra.

La notte era calda e tranquilla, rischiarata appena dal velo biancastro della via lattea e dalle stelle vivissime. Davanti ad Annesa l'orto, nero e tacito, odorava di pomidoro e di erbe aromatiche; e il profumo del rosmarino e della ruta ricordava la montagna, le distese selvagge, le valli primordiali, coperte di macchie e di arbusti, che circondavano il paese. In fondo all'orto cominciava il bosco, dal quale emergeva la montagna, col suo profilo enorme di dorso umano disteso sull'orizzonte stellato: i grandi alberi neri erano cosí immobili e gravi che parevano rocce.

Ma la pace, il silenzio, l'oscurità della notte, l'immobilità delle cose, pesavano come un mistero sul cuore di Annesa. Ecco, a momenti le pareva di soffocare, di respirare penosamente come il vecchio asmatico.

Anche lei aveva capito: Paulu tornava da Nuoro senza i denari che da tre mesi cercava disperatamente per tutti i paesi del circondario. La rovina era imminente.

"La casa e l'orto, la *tanca*, il cavallo, i mobili, tutto sarà messo all'asta..." gemeva fra sé la donna, col busto piegato fin quasi sulle ginocchia. "Ci cacceranno via come cani affamati, e la famiglia Decherchi diventerà la piú misera del paese. Bisognerà andarsene via...

come i mendicanti che vanno di paese in paese... di festa in festa... Ah!"

Sospirò profondamente: ricordava la sua origine.

"Era meglio che mi avessero lasciato proseguire la mia via... Ah, non avrei sofferto cosí, non avrei veduto quello che ho veduto, quello che vedrò. Che cosa avverrà? Che accadrà di noi? Donna Rachele ne morrà di dolore. E lui... lui... la sua fine... egli lo ha già detto, la sua fine... No, no: meglio..."

Si sollevò, rabbrividí.

Paulu aveva minacciato di suicidarsi, e questo pensiero, questa ossessione, e l'idea che il vecchio asmatico teneva sotto il cuscino un fascio di cartelle di rendita e, per avarizia, per rancore contro il giovane vedovo, si ostinava a non sborsare un soldo per salvare la famiglia dalla completa rovina, davano ad Annesa una febbre d'angoscia e di odio.

"Vecchio scorpione", riprese, minacciando tra sé il vecchio asmatico, "io ti farò morire di rabbia; ti farò morire di fame e di sete. Guai a te se ciò che prevedo s'avvera... guai... guai! Tu ci lasci agonizzare, ma io..."

Non finí di formulare il suo pensiero: qualcuno apriva la porta di strada.

Ella balzò in piedi, si volse, attese ansiosa. Paulu entrò, la vide, chiuse la porta, poi s'avanzò in punta di piedi e guardò dall'uscio nella camera appena illuminata dalla lampadina notturna. Il vecchio, sempre sollevato e appoggiato ai cuscini, teneva gli occhi chiusi, il viso reclinato, e anche nel sonno respirava affannosamente.

Sicuro che ziu Zua dormiva, Paulu s'avvicinò ad Annesa e con un braccio le cinse le spalle, con un impeto di desiderio. Ella tremò tutta: con le mani abbandonate lungo i fianchi, gli occhi chiusi, come svenuta, si lasciò trascinare in fondo all'orto, verso il bosco.

Ma quando furono laggiú, sotto l'albero nero ed

'immobile la cui ombra conosceva il loro amore, ella si scosse, sollevò le braccia e si attaccò all'uomo con una stretta nervosa.

« Credevo che non tornassi » gli mormorò sul viso, « ti ho veduto cosí cupo, cosí triste... Invece sei venuto... Sei venuto... Sei qui! Mi pare di sognare. Dimmi. »

« Mi son liberato dell'ospite: l'ho lasciato in casa di prete Virdis, dove andrò a riprenderlo. Gantine ha la chiave? »

« Sí; ho chiuso tutto » disse Annesa, con voce velata. « Dimmi, dimmi. »

« Niente ancora! Ma non pensiamo a questo. »

E la baciò. Le sue labbra scottavano, ma c'era nel suo bacio un ardore amaro, la disperazione dell'uomo che cerca sulle labbra della donna l'oblio delle sue cure e delle sue tristezze ·Annesa era intelligente e capiva i sentimenti di Paulu: si lasciò baciare, senza insistere nelle sue domande, ma cominciò a piangere.

Un profumo come di pere mature si fondeva con l'odore umido dell'orto: in lontananza, nella profondità nera del bosco, una fiammella rossa brillava ogni tanto e pareva un occhio che si aprisse per spiare gli amanti. E una voce lontana, giovanile e sonora ma alquanto avvinazzata, forse la voce di Gantine, cantava una *battorina* (1) amorosa:

> Buona notte, donosa,
> Comente ti la passas, riccu mare?... (2)

Ma Annesa non sentiva, non vedeva nulla: era con Paulu e piangeva d'angoscia e di piacere.

« Annesa » egli disse quasi indispettito, « finiscila. Lo sai che non mi piace veder la gente triste. »

---

(1) *Battorina*, quartina.
(2) Buona notte, donosa (ricca di doti naturali)
   Come te la passi, ricco mare?

« E tu sei forse allegro, tu? »

« Non sono allegro, può darsi, ma non sono disperato. Dopo tutto, se i nostri beni saranno venduti come i beni d'un impiccato, la vergogna sarà piú sua che nostra. Tutti sanno che egli potrebbe salvarci. Vecchio scorpione, maledetto avaro! Quando lo vedo sento il sangue montarmi alla testa. Se fossi un altro uomo lo strangolerei. »

S'animò, s'agitò, strinse le mani, come per soffocare qualcuno. Annesa trasalí, s'asciugò le lagrime e disse con voce lamentosa:

« Morisse una buona volta, almeno! Ma non muore, non muore. Ha sette anime come i gatti. »

« Sono stato a Nuoro » raccontò poi il giovane. « Ho cercato denaro in ogni buco. Mi avevano indicato uno strozzino, un vecchione nero e gonfio come un otre. Mi sono umiliato, ho pregato, mi sono avvilito, io, sí, mi sono avvilito sino a pregare come un santo questo vecchio immondo, questo usuraio turpe. Niente; egli mi ha chiesto la firma di Zua Decherchi. Poi andai da un proprietario nuorese, che mi guardò sorridendo e mi disse: "ricordo quando tu eri nel seminario di Nuoro: eri un ragazzo che prometteva molto". E mi mandò via senza i denari! Poi... Ma perché ricordare queste cose? Ho subíto tutte le umiliazioni, inutilmente; io, io, Paulu Decherchi, io... E, ho dovuto chinare il capo come un mendicante. »

Annesa chinò il capo, anche lei umiliata e avvilita.

« Non hanno piú fiducia in te » disse timidamente. « Ziu Zua ti ha anche screditato, spargendo la voce che tu sei stato la causa della rovina della tua famiglia. Ma se andasse don Simone... forse... troverebbe i denari... »

Paulu non la lasciò proseguire. Le strinse la mano con violenza e disse a voce alta:

« Anna, ti perdono perché non sai quello che dici!

Finché vivrò io, nessun altro della mia famiglia dovrà abbassarsi... »

Ella tacque ancora; cercò l'altra mano di Paulu, se la portò al viso, la baciò.

« Perché » mormorò, quasi parlando a quella mano ora inerte e fredda, « perché non cerchi ancora una volta di convincere ziu Zua? »

« È inutile » egli riprese con voce accorata. « Egli non farebbe che insultarmi ancora. Lo sai bene ciò che egli dice continuamente. Lo sai bene, Annesa. Egli dice, che vogliamo rovinarlo, che vogliamo assassinarlo. »

« Ah » ella sospirò, « tante volte ho avuto la tentazione di strappargli le cartelle di sotto al cuscino. Bisognerà fare cosí. »

« Egli è capace di farci arrestare tutti, Anna! Eppoi io non sono un ladro. Piuttosto mi uccido! »

Ella si appoggiò nuovamente a lui spaventata e dolente.

« Ecco che torni a parlare cosí! Paulu, Paulu, non vedi come mi fai paura? Non dire cosí, non parlare come parlano i pazzi. Ecco come sei, tu. Lasciami parlare, ho diritto anch'io. Paulu, ricordati: tu hai dato tanti dispiaceri ai tuoi nonni ed alla tua santa madre, ed ora vuoi farli morire di vergogna e di spasimo. Non dirla piú, sai, quella cosa terribile; non parlarne piú. »

« Ebbene, taci. Non parliamone piú. »

« Ascoltami bene » ella proseguí, sempre piú agitata. « Devo dirti una cosa. Ricordati, Paulu; ricordati quando i tuoi parenti volevano farti sposare Caderina Majule. Era ricca, era di buona famiglia: e tu non l'hai voluta perché non era bella e piú vecchia di te. Ora son passati molti anni; tu non sei piú un ragazzo capriccioso. E Caderina Majule non ha preso marito e ti vuole ancora. Sposala, Paulu: tutto si accomoderà. Sposala, Paulu, sposala. Se io fossi in te la sposerei. »

Ella parlava come in delirio, soffiandogli sul viso il

suo alito ansante: ed egli, a sua volta, teneva le mani abbandonate sui fianchi, il capo chino, gli occhi bassi. Gli pareva di venir meno, di soffocare, di non dover mai più uscire dall'ombra nera e pesante che lo circondava.

« Rispondi » ella proseguí, scuotendolo colle sue piccole braccia che parevano d'acciaio. « Dimmi di sí. Ci hai pensato, vero? Non aver paura di me, Paulu. Anch'io sposerò Gantine, se tu vorrai; e ce ne andremo lontani, io e lui, e con te non ci vedremo mai più. Tanto, vedi, lo so; io sono nata per seguire una via di sventura. La sorte mi odia, e mi ha gettata nel mondo per ischerno, come una maschera ubriaca getta uno straccio nella via. Chi sono io? Uno straccio, una cosa che non serve a nulla. Non prenderti pensiero di me, Paulu. »

Paulu l'ascoltava e taceva. Ella gli destava compassione e dispetto. E d'un tratto la respinse e mormorò parole crudeli.

« Non ho mai creduto che io fossi da vendere, Annesa! Ma forse è tempo di pensarci, adesso; poiché non c'è altro rimedio. Chi sa? può darsi che segua il tuo consiglio. »

Annesa tacque, spaventata. Sebbene Paulu la respingesse, si teneva aggrappata a lui, e solo quando egli ebbe pronunziate le ultime parole, aprí le braccia, e cadde a terra come una pianta rampicante priva di sostegno. Egli la credette svenuta e si chinò su lei.

« Che fai, Anna? »

Ella gemette.

« Lo vedi? » egli disse, con rimprovero e sarcasmo, sollevandola e accarezzandola in viso come una bambina. « Tu stessa lo vedi, come sei sciocca a dirmi certe cose. Tu mi umilii sempre, e se non fossi tu, a parlarmi cosí, non so cosa farei. »

« Taci, taci » ella riprese singhiozzando, « io lo faccio per il tuo bene. Io sono la tua serva, e non dovrei far altro che tacere e ascoltarti in ginocchio. Tu hai ragione, Paulu: sono sciocca, sono sciocca... sono pazza. Certe volte ho idee strane, come quando si ha la febbre: vorrei andare per il mondo, scalza, mendicante, in cerca di fortuna per te... per voi... Non sgridarmi, Paulu mio, cuore mio caro, non sgridarmi; tu l'hai già detto una volta, che io sono come l'edera; come l'edera che si attacca al muro e non se ne distacca piú, finché non si secca. »

« O finché il muro non cade » mormorò l'uomo, col suo accento doloroso e beffardo. « Basta, non parliamone piú. Caderina Majule si sposi qualche vecchio mercante di porci, se non ha potuto trovar altri. Io mi tengo la mia piccola Anna e basta. E ora vado a cercare Ballore Spanu. È ricco, lo sai: forse mi presterà lui i denari per impedire l'asta dei nostri beni. Voglio tentare. Dammi un altro bacio e sta allegra. »

Ella gli porse le labbra tremanti, bagnate di lacrime, e ancora per un attimo entrambi dimenticarono tutti gli affanni, le miserie, gli errori che li separavano.

Poi egli uscí di nuovo; e di nuovo ella sedette sul limitare della porta.

Non aveva sonno, e l'idea di doversi chiudere nella camera dove ogni tanto si sentiva il gemito del vecchio asmatico, le dava quasi un senso di terrore. Ma alla sua inquietudine, al suo affanno, si mescolava adesso una vaga ebbrezza: ella sentiva ancòra il sapore delle labbra di Paulu, e davanti a sé non vedeva che la figura di lui, triste, beffarda e voluttuosa. Questa figura, d'altronde, le stava sempre davanti, la precedeva in tutti i suoi passi come la sua ombra.

Da anni ed anni ella viveva in compagnia di questo fantasma che solo la presenza reale di Paulu faceva dileguare. Ella non era una donna ignorante e incosciente: aveva studiato fino alla quarta elementare, e dopo aveva letto molti libri; tutti i libri che Paulu possedeva. Ed egli era stato il suo migliore e più suggestivo maestro. Le aveva insegnato tutto ciò che egli sapeva o credeva di sapere. Le aveva additato le costellazioni, e spiegato l'origine dell'uomo, e il mistero del tuono e del fulmine; l'aveva eccitata col farle conoscere romanzi d'amore, e infine l'aveva convinta che Dio non esiste.

Ella conservava due o tre romanzi letti nella sua prima gioventù: li teneva fra le sue cose più care, giallognoli e scuciti come libri sacri letti e riletti da molte generazioni. E sapeva quasi a memoria quelle storie d'amore e d'angoscia, come leggende familiari.

Allora, nei tempi lontani della sua adolescenza, la famiglia era ricca e potente. Servi e serve, mendicanti, bambini poveri, donnicciuole, ospiti dei paesi vicini, cavalli, cani, cinghialetti e mufloni addomesticati animavano la casa. Un pescatore di trote veniva tutti i giorni a portare la sua pesca.

Regali andavano, regali venivano: qualche ospite s'indugiava in casa Decherchi quattro o cinque giorni, e la tavola era sempre imbandita. E mentre il cortile era sempre pieno di mendicanti, in cucina si nascondeva qualche *povero vergognoso* che mendicava in segreto, e al quale donna Rachele era lieta di fare la carità.

Annesa, allora, era servita e riverita dalle persone di servizio come una signorina: più che *figlia d'anima* era considerata come figlia vera di donna Rachele, ed ella teneva le chiavi e apriva anche il cassetto ove don Simone riponeva i denari, allora abbondanti.

E quante volte, dopo, si era pentita di non aver messo da parte qualche somma, con la quale aiutare adesso i suoi benefattori caduti in miseria.

Ella aveva partecipato a tutte le vicende della famiglia, in quella casa dove il destino l'aveva gettata come il vento di marzo getta il seme sulla roccia accanto all'albero cadente. Ed era cresciuta cosí, come l'edera, allacciandosi al vecchio tronco, lasciandosi travolgere dalla rovina che lo schiantava.

Seduta sul limitare della porta, ombra nell'ombra, ella si abbandonava ai ricordi: ricordi vaghi e tristi, con uno sfondo incerto e melanconico come quel cielo notturno che finiva davanti a lei sopra la montagna addormentata: ma alcuni di essi brillavano e vibravano su questo sfondo, simili alle stelle filanti che di tanto in tanto pareva si staccassero dal cielo, stanche di tanta altezza serena, per scendere sulla terra ove si ama e si muore.

Sí, una volta Paulu ritornava da Nuoro e Anna non lo riconobbe, tanto egli s'era fatto alto e bello. Durante quelle vacanze, un giorno, mentre infuriava un temporale, egli le spiegò, meglio che non l'avesse fatto la maestra di terza elementare, perché l'aria rimbomba dopo che il fulmine l'ha attraversata.

« Io credevo che il tuono fosse la voce di Dio » ella disse, un po' scherzando, un po' seria.

« Stupida, Dio non esiste! » egli disse, guardandosi attorno, pauroso d'essere sentito dai suoi nonni.

« Paulu, che dici? » ella mormorò con terrore. « Se ti sente don Simone! Se ti sente prete Virdis! »

« Prete Virdis è un chiacchierone, un peccatore come tutti gli altri uomini. Dio non esiste, no, Annesa. Se Dio esistesse » egli riprese « non permetterebbe che nel mondo accadessero certe cose. A parte la solita storia dei ricchi e dei poveri che nascono tali senza averne merito o colpa, ci sono tante altre ingiustizie nel mondo! Tu, per esempio... perché sei senza padre e senza madre, perché non sai neppure chi sei? Vedi? se io volessi sposarti non potrei... »

Annesa impallidí, sebbene non avesse mai pensato, neppure in sogno, di sposare il figlio dei suoi benefattori.

Poi gli anni passarono. Un giorno in casa Decherchi accadde una cosa spaventosa. Il padre di Paulu cadde nel cortile, come se avesse inciampato, e non si sollevò piú. Le sue ultime parole furono rivolte alla moglie: « Rachele, ti raccomando *quel fanciullo*. »

E Gantine, il ragazzetto che la voce pubblica diceva figlio del morto, fu preso in casa come servetto. Gli altri servi, poiché Gantine era quasi ancora un bambino, neppure buono a scorticare un agnello, lo maltrattavano e lo deridevano; egli si lagnava con donna Rachele.

« Figliolino di Dio » gli diceva la santa vedova « abbi pazienza. Di' loro che crescerai e diventerai piú abile di loro. »

E ziu Cosimu Damianu, il padre di donna Rachele, aggiungeva:

« Figlio di Sant'Antonio, di' loro cosí:

> Frati vanno e frati vengono
> e il convento fermo resta;

voi siete frati randagi, andrete, verrete, ed io resterò sempre nel convento. »

Donna Rachele sgridava il padre perché "figlio di Sant'Antonio" vuol dire bastardo, e perché non voleva che i servi avessero a mormorare per la risposta significativa, consigliata a Gantine.

Ma don Simone interveniva, sorridente e sereno come sempre:

« Lascia passare trenta giorni per un mese, lascia che dicano quel che vogliono, tanto il prossimo non è mai contento. »

E la pace regnava nella famiglia.

Ma in quel tempo appunto cominciò l'esodo dei servi; prima uno, poi un altro, poi tutti. Rimasero soltanto Gantine e un servo pastore, chiamato ziu Castigu perché era un po' scemo. Poi anche questo fu licenziato. La famiglia cadeva in rovina, precipitava sempre piú giú, piú giú, in un vuoto pauroso.

I debiti di tre generazioni, i trecento scudi che don Simone aveva preso dalla Banca Agricola, le cambiali in bianco di don Pilimu, gli interessi del duecento per cento dei debiti di Paulu, divorarono in pochi anni le tancas, le vigne, le greggie e i cavalli dell'intera famiglia. Donna Rachele piangeva e diceva:

« Vedete, è stato come il fico d'India: da una foglia ne son nate mille. »

Sulle prime anche Don Simone e ziu Cosimu Damianu piangevano e si bisticciavano; ma col tempo si abituarono alla povertà e don Simone ritornò sereno e sorridente e ripeté il suo filosofico ritornello: "lascia passare trenta giorni per un mese".

Paulu, dopo essere stato cacciato via dal seminario di Nuoro, non aveva voluto proseguire gli studi; si divertiva come si divertono molti piccoli proprietari sardi, correndo di villaggio in villaggio per le feste campestri. Tutti i mendicanti della Sardegna, che vanno appunto di festa in festa, lo conoscevano. Anche i ciechi dicevano: "è quel cavaliere di Barunei, don Paulu Decherchi, un ricco *ispassiosu*" (1).

Nei villaggi egli prendeva denaro dagli usurai, nelle feste lo sprecava. Pareva pazzamente innamorato della vita. A giorni era buono e allegro, a giorni cattivo e violento.

Annesa ricordava. Ora Paulu era diventato docile e mansueto; gli anni e le sventure lo avevano domato come un puledro; ma allora! Quante volte l'aveva bastonata perché ella faceva l'amore con Gantine!

« Vergognati, sfacciata; egli è un servo; è un bastardo. »

« Ed io non sono una serva? » ella rispondeva piangendo. « Non sono anch'io figlia di nessuno? »

_____

(1) Che ama i divertimenti.

« Egli ha dieci anni meno di te. »

« Gli anni non contano; l'albero giovane intreccia i suoi rami con quelli dell'albero vecchio... »

Gli occhi di Paulu splendevano come gli occhi di un gatto selvatico.

« Ingrata, sfacciata, *mantenuta per l'anima* (1). »

Ella, che amava Gantine perché rassomigliava a Paulu, cosí come si ama il fuoco perché ricorda il sole, piangeva, taceva e lavorava. Era diventata davvero la serva di casa; ma anche donna Rachele lavorava, pregava e taceva.

In quel tempo Paulu si ammogliò. La sposa era una fanciulla nobile, bella, ma povera e malaticcia. Per un anno i due sposi vissero felici; donna Kallina era buona e rendeva buoni tutti quelli che l'avvicinavano. Il marito parve diventare un altro; ma dopo la nascita di una bambina dalla testa enorme, la giovine sposa ammalò gravemente.

Don Paulu la condusse a Cagliari, a Sassari, nel continente; ma donna Kallina morí e un'altra tanca fu venduta.

La casa divenne triste, solitaria; i mendicanti non insistevano piú, come prima, per ottenere l'elemosina; gli ospiti si fecero rari.

Don Simone sorrideva sempre, ma con tristezza; e ripeteva che bisognava rassegnarsi a lasciar passare trenta giorni per un mese, ma borbottava perché la gente non crede piú in Dio e quindi commette il male.

Ziu Cosimu Damianu, con la piccola Rosa fra le braccia, conveniva che il timor di Dio è un freno contro il male, ma difendeva gli errori e le debolezze umane: gli uomini sono nati per il peccato. E la bimba, vivente risultato di molte debolezze e di molti errori umani, piegava l'enorme testa sull'omero del vecchio e non protestava.

---

(1) Allevata per carità.

Intanto Annesa s'era fidanzata con Gantine, dopo aver chiesto il consentimento dei suoi benefattori. Ella aveva passato i trent'anni; che aspettava? Gantine era povero ma buon lavoratore. Si sarebbero sposati appena i Decherchi avessero dato al giovine un po' del denaro che gli dovevano: ma il tempo passava, e il denaro non si vedeva.

Il giovane fidanzato era allegro, buono e sereno come don Simone. Chiamava Annesa con due nomignoli: *Pili brunda* (1) quando ella si mostrava tenera e allegra, cosa molto rara, e *mudòre* quando ella taceva, triste e cupa, per intere giornate.

« Figlio di Sant'Antonio » diceva ziu Cosimu Damianu « tu sai il proverbio sardo: *ribu mudu tiradore* (2) ».

In quel tempo Annesa cominciò a non credere piú in Dio perché la famiglia dei suoi benefattori cadeva sempre piú in rovina. Era mai possibile l'esistenza di un Dio cosí cattivo? I Decherchi non avevano fatto altro in vita loro che temerlo, adorarlo e seguirne i precetti, ed Egli li ricompensava mandando loro ogni peggiore sventura.

Ma d'un tratto il Signore parve muoversi a pietà della famiglia cosí a lungo e duramente provata. Ziu Zua, un vecchio parente avaro, che era stato alla guerra di Crimea, dove aveva perduto una gamba, propose ai Decherchi di prenderlo in casa. Avrebbe dato un tanto al mese, e poi fatto testamento in favore di Rosa. Era vecchio, soffriva d'asma, aveva paura di venir derubato. Paulu non amava questo vecchio asmatico, al quale era spesso ricorso invano per farsi prestare denari; ma non si oppose a che egli venisse in casa. E ziu Zua venne e prese posto accanto ai due nonni, che usavano star seduti fuori della porta di strada simili a

---

(1) Capelli biondi. *Mudòre*, silenziosa.
(2) Fiume silenzioso [è] travolgente.

due vecchi leoni vigilanti l'ingresso d'un palazzo incantato in rovina. La gente passava, ascoltava le discussioni e le chiacchiere dei tre vecchi e li chiamava "I tre re magi con cinque gambe".

Ziu Zua ansava e parlava male dei "giovani d'oggi" alludendo a Paulu; don Simone ammetteva che il nipote s'era rovinato perché non aveva mai avuto timor di Dio, ma ziu Cosimu Damianu, con Rosa sulle ginocchia, stringeva le labbra e difendeva i "giovani d'oggi".

« Tutti siamo stati giovani ed abbiamo commesso i nostri errori. Il Signore disse: chi è senza peccato scagli la prima pietra... »

« Per chi vuoi dire? » gridava il vecchio asmatico, tirando fuori dal petto velloso la medaglia al valor militare. « Guarda qui: la vedi o non la vedi questa medaglia? Guardati in essa come in uno specchio. »

Don Simone fingeva di specchiarsi, si accomodava la berretta, poi diceva:

« Veramente non è molto pulito quello specchio. »

E ziu Cosimu Damianu esclamava:

« Ma, figlio di Sant'Antonio, chi accenna a te, Zua Deché? Però, vedi, è appunto chi è senza peccato che scaglia la prima pietra contro il peccatore. Chi è senza peccato non compatisce, non compatisce... »

Poi ziu Zua raccontava i suoi ricordi di guerra. La sua voce dispettosa si raddolciva, e spesso egli piangeva, ricordando che La Marmora gli aveva stretto la mano. Ma i suoi ricordi erano molto confusi: fra le altre cose egli si ostinava a dire che i Sardi avevano preso parte alla battaglia di Balaclava, e invano don Simone ripeteva:

« No, è stato alla battaglia di Cernaia. »

« No, no, è stato a *Bellaclava*. Mi ricordo; era d'estate, d'agosto, ma c'era una nebbia che pareva d'inverno. Fin dalla notte noi eravamo sul colle, al comanao di quel diavolo di maggiore Corpograndi (1). Imparatelo questo nome: Cor-po-grandi. Non bisogna sbagliare una sillaba perché sarebbe una bestemmia, come sbagliare il nome di Dio. »

Un giorno ziu Zua cadde per terra come era caduto don Pilimu. Non morí, ma quando lo sollevarono, la sua gamba destra era rigida e morta peggio del bastone ferrato che sostituiva l'altra gamba. Lo misero a letto e non si alzò piú. Egli diventò insoffribile· nascose sotto il guanciale le sue cartelle di rendita e non le affidò ai parenti neppure per riscuoterne gli interessi. Di notte si svegliava gridando che volevano derubarlo, e pretendeva che Annesa dormisse nella camera ove dormiva lui. Paulu cominciò a odiarlo: e Annesa lo odiava perché lo odiava Paulu. E Gantine lo odiava perché lo odiavano loro.

Fra le persone rimaste fedeli e affezionate alla disgraziata famiglia c'era ziu Castigu, il vecchio servo diventato pastore *a solus*, vale a dire che aveva acquistato un certo numero di pecore e le pascolava per conto proprio.

« Girate tutto il mondo » diceva con ammirazione, parlando della famiglia presso la quale aveva servito per quarant'anni « provate pure a girarlo, se volete: non troverete una famiglia piú nobile e piú buona. Don Simone? Ma se Dio morisse, gli angeli del cielo eleggerebbero don Simone a signore loro e nostro! Bisogna rispettare persino le scarpe di. don Simone! »

In paese lo deridevano per questo suo feticismo: il messo ogni volta che lo vedeva gli domandava:

« Ebbè, è morto il Signore? »

Anche prete Virdis, il rettore, quando ziu Castigu andò a confessarsi, lo trattò malamente.

« *Anghelos santos!* (2) (prete Virdis usava quest'in-

---

(1) Corporandi.
(2) Angeli santi.

tercalare anche coi suoi penitenti). Non dire più queste cose, fratello mio. Il Signore è uno solo e non morrà mai, neppur dopo che avrà fatto morire tutti noi. »

Ma ziu Castigu non smetteva di lodare la famiglia "più nobile del mondo". Anche Annesa godeva tutta l'ammirazione e la confidenza di ziu Castigu. Una volta egli le confidò di essere innamorato di una bella e ricca fanciulla del paese, e la pregò di un favore:

« Voglio mandarle una lettera: scrivila tu, *pili brunda*: perché ridi? »

« Perché io non so scrivere lettere! »

« Non importa: non sei un avvocato, tu. Basta che tu scriva così: "Maria Pasquala, anima mia, ti amo e se tu mi vuoi ti metterò entro una nicchia". Va, Annesa, fammi questo piacere; per scrivere la lettera ti porterò un foglio di *carta* di amore che potrebbe essere mandato anche alla Corte reale. »

Annesa promise di scrivere la lettera, e ziu Castigu portò la famosa *carta di amore* ch'era poi uno di quei foglietti traforati e adorni di un cuore ferito, usati dagli studentelli per le loro prime dichiarazioni amorose.

Ma la dichiarazione non ebbe l'esito desiderato: anzi un fratello di Maria Pasquala, un giorno, nel vedere ziu Castigu passare davanti a casa sua, lo rincorse col pungolo; e il pastore fuggí "come un cane a cui si è messo il fuoco sul muso".

Un giorno ziu Castigu invitò al suo ovile i suoi amici e i suoi ex padroni. Ziu Cosimu Damianu, Paulu e Annesa accettarono l'invito. L'ovile era quasi in cima al monte di Santu Juanne, una specie di prealpe di là della quale il Gennargentu chiude l'orizzonte con le sue cime e i suoi profili argentei.

Enormi roccie di granito, sulle quali il musco disegnava un bizzarro musaico nero e verde, si accavallavano stranamente le une sulle altre, formando piramidi, guglie, edifizi ciclopici e misteriosi. Pareva che in un tempo remoto, nel tempo del caos, una lotta fosse avvenuta fra queste roccie, e le une fossero riuscite a sopraffare le altre, ed ora le schiacciassero e si ergessero vittoriose sullo sfondo azzurro del cielo. E le macchie e le quercie, a loro volta, cessata la lotta delle pietre, avevano silenziosamente invaso i precipizi, s'erano arrampicate sulle roccie, avevano anch'esse cercato di salire le une piú su delle altre. Tutte le cose in quel luogo di grandezza e di mistero assumevano parvenze strane, e gli uomini solitari che dovevano vivere a contatto con le roccie — alcune delle quali avevano forme di mostri, di pesci giganteschi, d'animali antidiluviani — e comunicavano con l'anima della montagna sussurrante nei boschi, e intendevano ciò che diceva il rombo del vento e il fruscío delle foglie cadute, questi uomini avevano naturalmente creato mille leggende e le avevano *collocate* nei punti piú orridi e piú poetici del luogo.

Vicino all'ovile di ziu Castigu, per esempio, poco lontano da una chiesetta medioevale, si scorgeva su una cima una lunga roccia in forma di bara, posata obliquamente su un enorme masso quadrato. Ebbene, là dentro, in quella tomba alta e solenne che un imperatore poeta non avrebbe sdegnato, la fantasia popolare rinchiudeva un gigante, ucciso a tradimento dai nani astuti che un tempo popolavano la montagna.

Durante la colazione, gl'invitati di ziu Castigu, seduti all'ombra di alberi millenari che coi loro lunghi ciuffi di liane grigiastre parevano vecchi barbuti, non parlarono di altro che di queste leggende.

Due vecchi sposi, che dopo il giorno delle loro nozze, avevano sempre mangiato nello stesso piatto, ricordarono il viaggio di nozze di un avo di Paulu.

« Egli sposò una dama di Aritzu. Da Aritzu a Barunei gli sposi furono accompagnati da ventisette parenti che montavano magnifici cavalli bai; solo gli sposi cavalcavano su una giumenta bianca. Attraversarono una montagna, e giunti qui, salirono sulla tomba del gigante, dalla quale si scorge il paese, e tutti spararono in alto i loro fucili... Sembrava una battaglia... »

« Voglio salire lassú: chi viene? » domandò Paulu che aveva bevuto abbastanza e sembrava allegro e ringiovanito.

Ma gli altri erano quasi tutti vecchi o stanchi e preferirono sdraiarsi all'ombra degli alberi. Solo Annesa seguí il giovine vedovo, e nessuno mormorò: tutti erano abituati a considerare Paulu e Annesa come fratello e sorella.

Essi andarono; era di maggio, il sole del meriggio batteva sulle roccie intorno alle quali fiorivano le rose di macchia; le foglie degli alberi scintillavano.

Poi il bosco s'aprí, e fra due quercie dalle chiome riunite apparve, come nello sfondo di un arco grandioso, la piramide lontana di monte Gonare, azzurra sul cielo luminoso.

A destra del bosco sorgeva la cima rocciosa sulla quale nella sua tomba di pietra che il musco copriva d'un drappo di velluto verde, riposava il gigante. La salita era difficile: bisognava saltare di roccia in roccia.

Paulu precedeva, Annesa seguiva; piú che altro ella desiderava vedere in lontananza il villaggio. D'un tratto si trovò su alcune pietre che oscillavano; le parve di perdere l'equilibrio e diede un grido. Paulu si volse, tornò indietro, la guardò e le porse la mano.

Salirono piú su, sedettero sulla sporgenza del masso, sotto la roccia del gigante: ai loro piedi il bosco precipitava come una grandiosa cascata verde, giú, giú, fino alla costa sul cui giallore le case del villaggio apparivano grigie e nerastre simili ad un mucchio di brage spente. Valli e montagne, valli e montagne si seguivano fino all'orizzonte: tutto era verde, giallo e celeste.

Gli avoltoi in amore stridevano e s'inseguivano, tra il sole ed il vento, nell'aria serena.

Annesa e Paulu non scambiarono una parola; egli era ridiventato triste, ma i suoi occhi ardenti, piú che guardare il panorama, fissavano gli avoltoi in amore. Improvvisamente si alzò e Annesa lo seguí. Nel punto ove le pietre si muovevano egli si fermò, le porse ancora la mano e la guardò.

Annesa sentí quello sguardo insolito investirla come una vampa: e le parve di cadere e che tutte le roccie precipitassero sotto di lei. Ma Paulu la teneva sospesa nel cerchio delle sue braccia, e aveva unite le sue alle labbra di lei, in modo che pareva non dovessero staccarsi mai piú.

III

« Annesa, Annesa! » chiamò il vecchio asmatico. La sua voce lontana, accompagnata da un gemito, svegliò Annesa dai suoi sogni: ella si scosse e rientrò in camera.

Ziu Zua, assalito da uno dei suoi frequenti accessi di soffocamento, cercava di sollevarsi e non poteva; le sue mani scarne si agitavano, come lottando penosamente contro un fantasma invisibile.

Annesa gli si avvicinò senza troppa premura, lo sollevò, gli mise un altro cuscino dietro le spalle. A poco a, poco egli riprese a respirare meno penosamente e domandò da bere; e appena poté parlare, ricominciò a imprecare e a lamentarsi.

« Tu mi lasci sempre solo » insisteva con voce ansante « e le zanzare mi pungono, e il lume si spegne, che ti si spengano gli occhi! Chiamami prete Virdis, almeno: voglio confessarmi, non voglio morire scomunicato, come un moro. Mi date il veleno, voi; tutti mi date il veleno, voi... per farmi morire lentamente, che siate maledetti voi e che sia maledetto il latte delle vostre madri. Ma arriverà presto il momento che desiderate: sí, sí, presto, prestissimo. Mi troverete morto come un cane, e allora sarete contenti... »

« Ma state zitto una buona volta » disse Annesa, minacciosa. « Vergognatevi di dire queste cose, vecchio ingrato, vecchio cattivo... »

Egli però continuò a brontolare, anche dopo che ella ebbe spento il lume e si fu coricata. Nel buio ella sentiva quella voce ansante e stridente, e le pareva che una sega le dividesse il cuore. E una parte di quel cuore si conservava buona e pura, e ardeva d'amore, di pietà, di gratitudine, mentre l'altra parte sanguinava e ardeva anch'essa ma come un tizzo verde, di una fiamma livida e puzzolente. La dolcezza e la tristezza dei ricordi erano sparite: quella voce di fantasma cattivo richiamava la donna alla realtà opprimente.

Le pareva di soffrire d'asma anche lei; e invece di compatire il vecchio per ciò che egli soffriva, ripeteva fra sé le imprecazioni e le male parole di lui.

Finalmente entrambi si calmarono e si assopirono. Una voce dolce e sonora cantò in lontananza una soave *battorina* d'amore, poi s'avvicinò, risonò nel silenzio della straducola, accompagnata da un coro melanconico di voci giovanili.

> ... Sos ojos, sa cara bella,
> Su pilu brundu dechidu!
> Pro me non bi torrat mai
> Cuddu reposu perdidu...

"È Gantine, povero usignolo!" pensò Annesa, che nel dormiveglia cominciava già a sognare di Paulu. E, al solito, pensò con tenerezza e con rimorso al suo giovane fidanzato; ma quando la voce tacque, ella si assopí ancora e di nuovo la figura di Paulu le tornò vicina.

L'indomani mattina donna Rachele andò alla messa bassa e fece la comunione: e le altre donne anziane che erano in chiesa, la videro piangere e pregare fervorosamente, tutta chiusa nel suo scialle nero come in un manto di dolore.

Annesa invece andò con Rosa alla messa cantata delle nove. Col suo bel costume dalla gonna pieghettata e orlata di verde, il corsetto nero e rosso, il grembiule carico di ricami antichi, una benda gialla intorno al capo, ella rassomigliava ad una piccola madonna primitiva, mentre al suo fianco la bimba deforme, gofamente vestita di un abituccio borghese di cotonina rossa, pareva la caricatura d'una civiltà degenerata.

Dopo aver percorso la straducola in pendio, uscirono nella strada comunale che attraversa il paese, e proseguirono verso la chiesa.

Altre donne vestite come Annesa sbucavano da tutte le straducole: gruppi di bimbi laceri ma robusti e belli, coi luminosi occhi neri, giocavano qua e là sotto gli archi delle porticine, sulle scalette esterne, nei piccoli cortili insolitamente spazzati e inaffiati.

La chiesa di San Basilio, sebbene questo fosse il santo protettore del paese, restava fuori dell'abitato, un centinaio di metri distante dall'ultima casupola nella quale abitava una parente dei Decherchi.

Un cortile vastissimo, roccioso, coperto di fieno e di stoppie calpestate, circondava la chiesetta, addossate alla quale sorgevano alcune stanze e una tettoia dove si riunivano le persone incaricate del buon andamento della festa.

Vicino alla chiesa s'innalzava una specie di torre quadrata, con un rozzo belvedere, al quale si saliva per una scaletta esterna. La chiesa, le stanze, la torre, d'una costruzione primitiva, di pietre rozze e di fango, avevano preso il colore cupo e rugginoso delle roccie circostanti. A sinistra della chiesa, ai piedi del villaggio, si sprofonda la vallata granitica, di là della quale un grandioso panorama di valli e montagne, verdi e azzurre, sfuma sul cielo chiarissimo: a destra sorge il monte San Giovanni, coi suoi boschi, le brughiere, le roccie dai profili fantastici.

Quattro quercie secolari crescevano davanti alla chiesa, la cui facciata, intraveduta fra i rami delle piante poderose, pareva tagliata nella roccia. Uomini alti e forti, vestiti di rosso e di nero, paesani di altri villaggi, pastori e contadini, s'aggruppavano intorno ai banchi dei liquoristi, sotto le tettoie di frasche addossate alle roccie della spianata. Era la solita folla delle feste sarde: uomini allegri che pensavano a bere, donne in costume che andavano in chiesa per pregare e farsi vedere.

Annesa e Rosa scesero lentamente il sentiero che va dalla strada comunale alla chiesa: davanti alla casetta ultima del paese si fermarono a salutare zia Anna, la cugina di donna Rachele.

Questa cugina era una donna anziana, alta, magra e pallida come un fantasma; rassomigliava alquanto a donna Rachele, ma sosteneva d'essere piú giovane e molto piú bella della cugina nobile. E raccontava d'aver avuto e di aver ancora molti adoratori e pretendenti che ella respingeva per restar libera e potersi dedicare tutta a tre sue nipoti, orfane di padre e di madre.

Queste nipoti, infatti, vivevano con lei, ed una era già una ragazza da marito. E zia Anna le amava come sue figliuole, poiché era una donna affettuosa ed anche savia, che all'infuori dell'idea fissa della sua bellezza e dei suoi pretendenti non aveva altra debolezza.

Un cortiletto senza cancello, circondato di un muricciuolo, precedeva la casetta: dalla porticina spalancata usciva un buon odore di caffè. Annesa gridò:

« Zia Anna, non venite alla messa? »

« Aspetto un ospite » disse la donna, affacciandosi alla porta con una caffettiera in mano. « Rosa, anima mia, come sei bella oggi! Venite avanti; vi darò il caffè. Sei sempre vecchia, Rosa? i dentini non vogliono spuntare, no? »

Rosa sorrise, mostrando le sue gengive sguarnite, e Annesa disse, per conto della bimba:

« Verranno di nuovo, i dentini, e poi cadranno ancora. Cadranno anche i vostri, zia Anna, e non ritorneranno piú. »

« Può darsi » rispose la donna, che aveva bellissimi denti. « Ma venite, belle mie; vi darò il caffè; per la messa è ancora presto. Ho veduto prete Virdis passeggiare davanti alla chiesa: era con un signore che mi è sembrato Paulu. »

Allora Annesa, che stava per entrare da zia Anna, cambiò parere e s'avviò verso la chiesa.

« Addio, addio, statevi bene e tanti saluti alle ragazze. Noi andiamo perché è tardi. »

« Avevo da raccontarti una cosa: verrò da voi domani » disse zia Anna, salutando con la mano. « Addio, Rosa, non mangiare molto torrone. Non mi hai detto neppure cosa ti ha dato il sorcio, in cambio dei tuoi dentini. Glieli hai poi messi, nel buco dietro la porta? »

« Sí » gridò la bimba. « Mi ha lasciato un po' di nocciuole, in cambio dei denti. »

« A che servivano le nocciuole, se non avevi denti per schiacciarle? »

« Eh, le ho schiacciate con una pietra! »

« Addio. »

« Addio. »

Annesa trascinava Rosa e camminava in fretta, guardando fisso davanti a sé, come affascinata. La bimba disse:

« Sí, babbo è là, davanti alla chiesa, e passeggia con prete Virdis che è arrabbiato. »

Infatti il vecchio prete gesticolava animatamente La sua grossa pancia ansava. Era bruttissimo, grosso e gonfio; il viso color mattone, paffuto e rugoso nello stesso tempo, esprimeva un malcontento sdegnoso. Una parrucca dai lunghi peli che sulla nuca si mescolavano a qualche ciuffo argenteo di capelli veri, accresceva quell'orrida bruttezza.

Annesa abbassava gli occhi ogni volta che incontrava il prete: e anche quella mattina tentò di passare dritta, trascinandosi dietro la bimba, ma il vecchio sacerdote sollevò una delle sue grosse mani e cominciò a gridare:

« Rosa! Rosa! »

Annesa dovette fermarsi.

« Rosa » disse il prete, avanzandosi fino a coprire con la sua pancia il viso della bimba. « Ho piacere che tu venga alla messa. A quanto pare ci vengono persino le capre, oggi, persino le donne ebree e le donne moresche. »

Annesa andava raramente in chiesa; ma non si turbò per l'allusione. Guardava verso la spianata, fingendo d'interessarsi al quadro variopinto che le si stendeva innanzi e ascoltava i *bandi* che il *messo* (1), ritto sopra una roccia, gridava alla folla.

Anche Paulu guardava laggiú. La figura del *messo*, alta e selvaggia, spiccava nera nel sole. Col suo tamburo scintillante, col suo costume metà da paesano, metà da cacciatore, col suo berretto di pelo che pareva la capigliatura naturale di quella testa nera e forte, il *messo* dava l'idea di un araldo primitivo sceso giú dai boschi della montagna per annunziare qualche cosa di terribile ai pacifici bevitori d'acquavite e di anisetta raccolti intorno ai furbi rivenditori della spianata. Tutti lo guardavano, ed egli gridava con voce stentorea da predicatore:

« Giovani e giovanette, andate a *ritrattarvi* dal fotografo che abita presso il falegname Francesco Casu. E chi vuole orzo a una lira il *quarto* corra dal signor

---

(1) Banditore.

Balentinu Virdis. E presso Maria detta la Santissima si vendono uova fresche e sorbetti fatti col ghiaccio... »

« Sí, anche le donne moresche » ripeté prete Virdis. « Quelle che si alzano la mattina col diavolo, e vanno a letto, la sera, col demonio. Va, va, Rosa, prega per questa gente, che si converta. Mi racconterai poi la storia del Signore morto. La sai ancora? »

« Sissignore. »

« Meno male: tu non sarai un'ebrea. Va, va. »

E riprese a camminare, sbuffando. Paulu lo seguí, ma prima scambiò con Annesa uno sguardo rapido e ardente che la riempí di gioia.

« *Anghelos santos!* » ella disse piano, con ironia, ripetendo l'intercalare favorito di prete Virdis. E la piccola Rosa, che amava poco il grosso prete, si mise a ridere, col suo risolino triste di vecchietta.

Annesa ascoltò la messa pensando a Paulu, al suo sguardo appassionato. Ella provava un senso di ebbrezza quando il vedovo le dava quei rapidi segni d'amore: le pareva che uno sguardo scambiato cosí, di giorno, tra la gente che li separava come non avrebbe potuto separarli una muraglia di macigni, valesse piú che tutti i loro abbracci notturni.

E le parole pungenti di prete Virdis le sembravano un lontano rumore di vento: uno sguardo di Paulu la ricompensava di ogni affronto e di ogni umiliazione.

Dopo la messa egli l'attese sotto le querce e prese Rosa per mano.

« Andiamo da quel venditore di torrone » disse a voce alta, poi aggiunse piano: « prete Virdis è arrabbiato con te perché non hai fatto la comunione. Ti ho scusata con lui, dicendogli che avevi molto da fare. Egli non è cattivo: tutt'altro! È simile all'alveare; brutto di apparenza, ma colmo di miele. Mi ha promesso d'intercedere ancora per noi presso ziu Zua. Verrà oggi da noi; non essere sgarbata con lui, ti prego. Se poi non si riesce a nulla con ziu Zua, fra giorni io vado al paese di

Ballore Spanu. Egli mi ha promesso di presentarmi ad una sua parente, sorella del rettore del suo paese: una vecchia danarosa che forse mi presterà qualche migliaio di lire. Vuoi bere un liquore, Annesa? »

« Ah, speriamo dunque » ella disse, sospirando. « Dov'è il tuo amico? »

« Non so: ha promesso di venire a raggiungermi qui » rispose Paulu, guardando intorno per la spianata.

Intanto s'erano avvicinati al banco del venditore di torroni.

Gli uomini, dopo essere stati in chiesa, si affollavano di nuovo intorno ai liquoristi: e non si contentavano di un solo bicchierino, ma compravano intere bottiglie di liquore che bevevano, in compagnia degli amici e degli ospiti, fino all'ultima goccia. Quegli uomini vestiti di pelli, dai lunghi capelli unti, alti e rudi come uomini primitivi appena sbucati dalle foreste della montagna, erano avidi di bevande, alcooliche e dolci, e si leccavano le labbra con voluttà infantile.

Annesa accettò da Paulu un bicchierino di menta. Accorgendosi d'essere osservata da un gruppo di amici di Gantine, si mostrava triste e rigida come del resto lo erano tutte le donne che in quel momento attraversavano il cortile della chiesa.

D'un tratto si sentí presa per la vita da un braccio d'uomo, e si vide accanto a sé il piccolo ziu Castigu, vestito a nuovo, pulito, allegro come un fanciullo.

« Come » egli disse, tenendo Annesa abbracciata, ma rivolgendosi a Paulu « ve ne andate cosí, senza far visita ai priori della festa? Le par ben fatto, questo, piccolo don Paulu mio? No, no, lei non vorrà offendere San Basilio, andandosene senza visitare i priori. Io sono fra questi, e ci tengo alla sua visita. Andiamo, Rosa, rosellina mia, vuoi che ziu Castigu ti prenda in braccio? O sulle spalle, come un agnellino? »

« Io devo andar a casa » protestò Annesa. « Donna Rachele mi aspetta. »

« Tu verrai, *pilι brunda*: prenderò sulle spalle anche te, se vuoi! Andiamo. Gantine è venuto da me stamattina per tempo, ed ha preso il cavallo per recarlo al pascolo. Non è ancora tornato? »

« No; diventa sempre piú poltrone quel giovine » disse Paulu. « Fa sempre il comodo suo. »

« Ssss! » sussurrò ziu Castigu, accennando ad Annesa. Ma ella non pareva molto preoccupata per le parole di Paulu: aveva ripreso nella sua la mano di Rosa, e rιtornava verso la chiesa, precedendo i due uomini.

« Fra giorni voglio mandare Gantine in una lavorazione di scorza, nella foresta di Lula » riprese il vedovo. « Mi hanno offerto di tenerlo lassú fino al tempo delle seminagioni: cosí almeno guadagnerà qualche cosa. »

« Sí, è un ragazzo molto allegro » convenne ziu Castigu. « Ma tutti siamo stati allegri, da ragazzi... »

« Tutti, sí » ripeté Paulu.

« Anche lei, sí, don Pauleddu mio. Era molto allegro. Ora non piú! »

« Volati gli uccelli! » disse Paulu, guardando in alto e facendo un segno di addio con la mano. « Volati, volati... »

« Eh, diavolo, qualcuno ne resterà » disse il pastore, ridendo col suo riso caratteristico, un po' sciocco, un po' beffardo.

« Ecco, passiamo di qui: entriamo nella cucina grande. »

Entrarono nella cucina grande, ove i promotori della festa preparavano un banchetto omerico.

« Ohè, Miale Gorbu, eccoci qui » gridò con orgoglio ziu Castigu, avanzandosi a fianco di Paulu.

Il *priore maggιore,* cioè il presidente del Comitato per le feste, parve sbucare da una nuvola di fumo denso e grasso, che copriva come un velario lo sfondo della cucina. Ed era un uomo degno di esser circondato di nuvole come un dio selvaggio: una specie di gigante, vestito di un corpetto rosso e di un paio di brache di saja, cosí larghe che sembravano una gonnella corta ricadente sulle uose di lana nera. Sotto il berretto lungo ripiegato sulla sommità del capo, e fra due bande di lunghi capelli neri unti di grasso, il viso d'un rosso terreo, dal naso aquilino, il mento sporgente, la barba rossiccia ondulata, pareva scolpito nella creta. Sorrise quasi commosso, poiché Paulu Decherchi onorava d'una sua visita quella riunione di pastori semplici e poveri; e condusse il giovine attraverso le cucine e le stanze facendogli osservare ogni cosa come ad un forestiero.

« Buona festa, quest'anno? » domandò Paulu, guardandosi attorno.

« Non c'è male. Siamo cinquanta promotori; e altri cento pastori hanno concorso alla festa, portando ognuno una pecora e una misura di frumento. »

Nei grandi focolari ardevano tronchi interi di quercia, e dentro i paiuoli di rame cuocevano intere pecore. Alcuni uomini, seduti per terra, infocati in viso e con gli occhi lacrimosi per il fumo, facevano girare lentamente, sopra le brace, intere coscie di montone, infilate in grossi spiedi di legno. Una quantità enorme di carne rosseggiava sulle panche disposte lungo le pareti; e nei recipienti di legno e di sughero fumavano ancora le viscere, e qua e là s'ammucchiavano le pelli nere e giallastre delle cento e piú pecore sgozzate per festeggiare degnamente il piccolo San Basilio protettore di Barunei.

Mentre Miale Corbu conduceva Paulu in una specie di loggia coperta, dove una donna serviva caffè e liquori alle persone che si degnavano di visitare il priore, ziu Castigu introduceva Rosa ed Annesa nelle stanze attigue alla cucina. In una di queste stanze dovevano pranzare gli uomini, in un'altra le donne e i fanciulli; in una terza aetta la *stanza dei confetti*, stavano i dolci, in un'altra il pane. Ed in tutte le stanze, basse e fumose, s'agitavano strane figure di uomini barbuti, che preparavano i taglieri e i coltelli per il banchetto.

« Quanto pane! Ce n'è per cento anni » disse Rosa, con la sua vocina di vecchia, fermandosi davanti ai larghi canestri colmi di focacce bianche e lucide.

« Magari, rosellina mia » disse ziu Castigu, che ascoltava religiosamente ogni parola della bimba.

« Chi mangia tutto questo pane? L'orco? » domandò Rosa, chinando su un cestino l'enorme testa che pareva dovesse da un momento all'altro staccarsi dall'esile busto.

Ziu Castigu rise, poi disse che buona parte del pane veniva consumata durante il banchetto, e il resto distribuito ai mendicanti ed ai fedeli che visitavano il priore.

« Se tu ritornerai fra due ore, rosellina mia, vedrai che gli uomini mangiano più dell'orco. Eccone uno, per esempio, che sfiderebbe l'orco a mangiar più di lui... »

Un uomo grosso e tarchiato, con una abbondante barba rossastra, entrava in quel momento nella stanza del pane. Teneva in mano una fetta di carne bollita, fumante, e un coltello a serramanico: e ogni tanto strappava un boccone coi denti, e se qualche tendine resisteva lo tagliava col coltello, senza toglier la carne di bocca, e masticava con avidità, mentre i suoi occhi d'un cupo turchino, luminosi e freddi, esprimevano una voluttà ferina.

« Sí, ricordo » disse Annesa: « l'anno scorso passai di qui mentre pranzavate, e sembravate tanti lupi. Ognuno di voi teneva sulle ginocchia un tagliere colmo di carne, e mentre ne mangiava una fetta adocchiava già l'altra. Pareva che non aveste mai veduto grazia di Dio. »

« È festa: bisogna mangiare » disse ziu Castigu, senza offendersi. « Mangiamo noi e diamo da mangiare agli altri. Ecco! »

Un altro pastore, giovine e bello, col corsetto rosso slacciato e adorno di nastri azzurri, s'avanzò sorridendo, e offrí ad Annesa un tagliere colmo di carne fumante.

« Bellina » disse galantemente, « questo è per te. »

« *Santu Basile meu!* » esclamò la donna, sollevando le mani e ritraendosi spaventata. « Tutta quella roba lí? Che ne faccio io di tutta quella carne? »

« La mangi » disse l'altro con voce grave.

Ella capí che non accettando avrebbe offeso il giovine. Disse cortesemente:

« Ebbene, avvolgimi questa roba in un fazzoletto: la porterò a casa. »

« A chi? A Gantine tuo? »

« Gantine suo? Eccolo qui! » esclamò ziu Castigu.

Infatti il giovane servo entrava in quel momento. Vestito a festa, col corsetto rosso orlato d'azzurro, sbarbato e coi capelli lucidi e lisci, ricadenti sulle orecchie a guisa d'una cuffia di .raso nero, Gantine appariva piú grazioso del solito, e Annesa lo guardò con tenerezza quasi materna.

« Ho saputo ch'eri qui » egli le disse, con mal celata gelosia. « Andiamo fuori. Andiamo. Donna Rachele ti aspetta; ha bisogno di te. »

Le parole erano semplici, ma la voce insolitamente amara. Che aveva Gantine? Sembrava un po' triste e diffidente; e Annesa si turbò, ma al solito seppe fingere, ed anzi si mostrò offesa.

« Donna Rachele sa quando devo tornare » disse lentamente. « Tornerò a casa quando mi piacerà. »

« Tu vieni subito con me » ripeté Gantine, facendosi pallido. « Ziu Castigu, diteglielo voi. »

« Gantine è geloso » esclamò beffardo il giovane dal tagliere. « Va, bellina, va. Egli ti comprerà il torrone. Del resto hai torto, Gantine. Siamo tutti fratelli, qui, non siamo stranieri, e nessuno tenta rubarti la tua colomba. »

« Fratelli? Gente tua, morte tua » rispose Gantine; poi parve pentirsi della sua frase, e rise, d'un riso forzato.

Annesa palpitò, ma finse di non aver sentito le parole del fidanzato.

« Andiamo. Rosa, dammi la manina. Ziu Castigu, se don Paulu domanda di Rosa, ditegli che siamo già andate via. »

Uscí per una porticina che s'apriva in fondo alla stanza del pane, e il servo la seguí. Da quella parte il luogo era quasi deserto: solo alcuni mendicanti, accovacciati fra le roccie e le macchie, divoravano il pane e la carne che il priore aveva fatto loro distribuire. Precisamente in quel punto, dove incominciava il sentiero della montagna, era morto il vecchio cieco che aveva condotto Annesa nel villaggio. Ella non ricordava nulla del misterioso fatto, ma ogni volta che era costretta a passare di là le pareva di rivedere il vecchio mendicante morto; provava un confuso sentimento di angoscia e di umiliazione, e diceva a sé stessa:

"Egli mi ha condotto e lasciato qui, mentre poteva condurmi altrove. Sarei stata una mendicante, una vera serva, ma avrei sofferto meno. Eppure..."

Eppure, in fondo, ella non concepiva la vita in altro modo, senza Paulu, senza dolore, senza passione.

"Ero nata per questo."

Piú che mai quel giorno, attraversando con Rosa e Gantine il luogo ove era morto il vecchio, ella si sentí umiliata e triste: affrettò il passo e guardò lontano, con gli occhi velati, col viso coperto dalla solita maschera di tristezza sdegnosa.

Gantine la raggiunse: le si mise a fianco, la guardò fisso.

« Anna » le disse, quasi supplichevole, « non essere cosí sdegnata. Perdonami, Anna, l'ho fatto per il tuo bene. Tu sai che le donne non entrano là, dove sono gli uomini, o v'entrano coi loro mariti, coi loro fratelli. »

« Io sono entrata con don Paulu. »

« Ebbene, egli appunto non è tuo marito, non è tuo fratello » riprese il giovane sospirando. « I miei amici vi hanno veduti insieme e hanno mormorato. La gente è maliziosa, Anna! »

« Questa è nuova » ella esclamò con sarcasmo. E affrettò di nuovo il passo trascinandosi dietro la bimba pesante. Svoltarono, si ritrovarono presso il venditore di torrone. Piú in là l'ospite povero esponeva le sue briglie ed i suoi speroni sopra una bisaccia distesa per terra come un tappeto. Nel veder Gantine sorrise e fece addio con la mano.

« Ebbene » dice il giovane servo avvicinandosi, « avresti per caso una briglia per una puledra indomita? »

Ed entrambi guardarono Annesa e risero.

« Anna » pregò poi Gantine, « mi permetti di offrirti una libbra di torrone? »

« Le puledre non mangiano torrone » ella rispose, rassicurata.

Gantine disse qualche altra parola, ma la sua voce fu coperta dalla voce assordante del tamburo che risuonò quasi lugubre nell'improvviso silenzio della folla.

Il *messo* annunziava, con la sua voce rauca e alta di predicatore, che alle cinque pomeridiane sarebbe cominciata la corsa dei cavalli.

« Primo premio, venti lire in argento e un drappo di broccato fino: secondo premio, dieci lire in argento e un fazzoletto di seta... »

Un nugolo di ragazzi circondava e molestava il *messo*: uno spingeva la sua audacia fino a battere il tamburo con un bastoncino.

« Terzo premio, uno scudo d'argento e una berretta sarda nuova fiammante. Ragazzi, *levatevimi* d'intorno, altrimenti vi distribuisco tanti calci che non vedete dove andate a finire. »

Verso le tre pomeridiane Annesa, mentre attraversava l'andito, vide nel vano della porta semiaperta la grossa pancia di prete Virdis. Col suo passo leggero e silenzioso ella corse incontro al vecchio sacerdote, e mentre spalancava la porta, gli sorrise come non gli aveva mai sorriso.

Il sole, che batteva sulla facciata della vecchia casa e illuminava la straducola deserta, penetrò nell'andito e indorò il viso smorto di Annesa. Il prete la guardava intensamente; le sbatté sul braccio un fazzoletto rosso e turchino che teneva sempre in mano, poi le domandò:

« Ebbene, a che pensiamo? Mi sembri pallida, donna. Sei malata? »

« Io? Non sono stata mai cosí bene, prete Virdis mio! Venga, venga avanti. »

Gli volse le spalle e corse ad aprire l'uscio della camera del vecchio asmatico.

Ziu Zua pareva assopito, ma appena scorse il prete si animò, si agitò.

« E gli altri? Come va, compare Zua? »

« Don Simone è uscito, ziu Cosimo e donna Rachele sono nell'orto. Devo chiamarli, prete Virdis? » domandò Annesa con premura. Ma subito s'accorse che ziu Zua s'era allarmato per la visita del prete, e si pentí della sua domanda.

« Adesso vado a chiamarli: s'accomodi. »

« Annesa, tira su questo cuscino » le ordinò il vecchio asmatico.

Ella accomodò i cuscini, mentre il prete sedeva accanto al letto asciugandosi il sudore del viso e del collo col suo fazzoletto turchino e rosso.

« Aufh! Aufh! Sono stanco morto. Avete ospiti, Annesa? »

« Sissignore: due. Un ricco proprietario e un venditore di briglie. Vanno bene cosí, i cuscini, ziu Zua? »

« Va bene, vattene » rispose duramente l'infermo.

Ella s'allontanò, e il prete s'accorse che il viso di ziu Zua s'era fatto cupo, piú diffidente e brutto del solito.

« Aufh! Aufh! Quante mosche avete! Annesa, perché non chiudi un po' quelle imposte? »

Annesa socchiuse le finestre, uscí, si appoggiò all'uscio: ma per qualche momento non sentí che lo sbuffare del prete e i sospiri anelanti del vecchio. Brutto segno, quando ziu Zua sospirava cosí, esageratamente. E prete Virdis lo sapeva, ed anche lui sbuffava piú forte del solito.

Finalmente il vecchio asmatico domandò:

« Perché questa visita, a quest'ora? Avete fatto buona festa, compare Virdis? »

« La festa non è ancora finita, compare Zua. C'è ancora la processione, la corsa dei cavalli, la benedizione. »

« Ah » riprese il vecchio, con voce melanconica « chi credeva, due o tre anni fa, che io non avrei piú partecipato alla festa? Son vivo e son morto. Tutto per me è finito. »

Sospirò e abbandonò sui cuscini la testa cadaverica: due lagrime apparvero negli angoli rugosi dei suoi occhi, come gocce di rugiada fra le pieghe d'una foglia morta.

« No » disse una voce grave e dolce che ad Annesa non parve piú la voce del prete Virdis, « niente è finito, Zua Deché. Tutto invece deve cominciare. »

« Io sono un uomo morto, compare Virdis! »

« Che cosa è la nostra vita davanti all'eternità, Zua Deché? Un granellino di sabbia davanti al mare, una piuma nel cielo infinito. E le nostre pene piú gravi, e tutta la nostra esistenza e le sue passioni ed i suoi errori non sono che soffi di vento. Oggi siamo vivi, domani saremo morti; e solo allora potremo dire: tutto incomincia e nulla finirà. »

Il vecchio sospirò ancora.

« Sia fatta la volontà di Dio, compare Virdis. Che Egli mi prenda o mi lasci, per me ormai è la stessa cosa. Gli uomini come me, anzi, farebbero bene a morir presto. Che faccio io nel mondo? Sono di peso a me ed agli altri. Qualcuno, del resto, l'ha capito benissimo e pensa a spazzarmi dal mondo come si spazza l'immondezza da una stanza o da una strada. »

Dietro la porta Annesa sussultò: si mise una mano sulla fronte e cessò di respirare per ascoltar meglio. E la voce di prete Virdis risuonò di nuovo grossa e rauca:

« Aufh! Aufh! Che parole son queste, compare Zua? Perché parlate cosí? E se vi sentissero? »

« E credete voi che non ci sia qualche orecchio per sentirmi, compare Virdis? Ogni porta, qui, ogni finestra, ogni buco è fornito d'orecchie per sentirmi, come ogni mano è pronta a colpirmi. Mi ascoltino pure: o che forse non parlo apertamente, in presenza di tutti? L'eternità? » disse poi, sempre piú ansante e agitato. « Vói parlate dell'eternità, compare Virdis? L'eternità è in questo mondo, per chi soffre: ogni ora è un anno, ogni giorno è un secolo d'agonia. Ma badate, ripeto, sia fatta la volontà di Dio. »

« Voi delirate » riprese prete Virdis. « Ve l'ho già detto mille volte; è una malattia la vostra, una mania di persecuzione. Chi pensa a farvi del male? E perché? E se pensate questo, perché rimanete qui? »

« E dove andare? » chiese il vecchio, piangendo. « Io non ho casa, non ho fratelli, non ho amici. Nessuno mi vuol bene. Dovunque vada ci sarà sempre qualcuno che avrà intenzione di derubarmi. Tutti mi odiano perché ho con me pochi soldi. L'aria stessa mi è nemica e non si lascia respirare da me. »

« Zua Deché, buttateli via, allora, questi pochi soldi: o fate un'opera di carità. Quando non avrete piú niente... »

« Quando non avrò piú niente sarà peggio ancora: sarò considerato come un cane vecchio, come un cavallo vecchio. »

« Va bene. Vi uccideranno lo stesso! » esclamò il prete. « Zua, Zua, il vostro male è davvero inguaribile.

E siete voi che non avete timor di Dio. E siete voi che non amate nessuno, che non avete mai amato nessuno. »

« Io... Io... »

« Sí, voi, compare Zua! Chi avete mai amato, voi? I denari soltanto. Quante volte vi ho detto, molti e molti anni or sono: "compare, createvi una famiglia; compare, seguíte i precetti di Dio". »

« Nessuno meglio di me ha seguito i precetti di Dio. Io non ho mai peccato, non ho rubato, non ho ucciso, non ho deposto il falso, non ho guardato la donna altrui. Ma Dio è ingiusto. »

« Anche questa, *anghelos santos!* » gridò il prete, battendo le mani, sempre piú irritato. « Ora non c'è che un Dio cattivo e ingiusto. Vecchi, giovani, uomini, donne, tutti se la prendono con Dio. È molto comodo accusare il Signore del male che noi stessi ci facciamo. Ma bravo, Zua Deché. Anche voi, vecchio pezzo d'asino! Lasciatemi parlare, altrimenti schianto. Perché io non mi offendo se mi insultate, e se mi calunniate, ed anche se mi bastonate: ma non posso sopportare che si offenda Dio. Questo no! Ah, è Dio che vi dice di non aiutare il prossimo, di non amarlo, di non fare agli altri il male che non volete sia fatto a voi? È Dio che vi ha detto di starvene sempre solo nella vita, per non aver seccature, per accumulare denari, per non aver responsabilità? E ora prendetevi questa, compare mio. Statevene solo per tutta la vita, solo, sí, appunto solo come un cane vecchio. »

Ziu Zua sospirava e gemeva, ma non osava piú protestare, perché in fondo dava ragione al vecchio amico. E il vecchio amico proseguí:

« Sí, è proprio Dio che vi consiglia l'avarizia, e che vi dice: nascondili bene i tuoi soldi, Zua, nascondili e amali sopra ogni cosa, anche piú di te stesso. E non dare aiuto a chi sta per naufragare e ti porge disperatamente le mani. »

« Ah, abbiamo capito » disse allora il vecchio, sollevandosi. « Abbiamo capito. »

« Voi non avete capito niente, invece! »

« Ho capito, ho capito » ripeté l'altro, che volle di nuovo cambiar discorso. « Tutto il male ce lo siamo fatto noi. Anche la gamba me la son rotta io. »

« E ve l'ha rotta Dio? Se non andavate alla guerra... »

Ma tosto prete Virdis s'interruppe; capiva che la sua visita poteva giudicarsi inutile: non solo inutile, ma anche dannosa.

« Alla guerra! alla guerra! » gridava il vecchio, agitandosi tutto, ansante, tremante, incosciente. « Ah! ah! ah! Tutto potete rinfacciarmi, ma non questo. Alla guerra! Sicuro, alla guerra... ci sono andato, perché mi ha mandato il re, perché alla guerra vanno tutti gli uomini forti, gli uomini di coscienza. E io, io... sono andato, e andrei ancora, io... e La Marmora, e Bellaclava, e la medaglia, eccola, specchiatevi... qui, la medaglia... specchiatevi... »

La sua voce rabbiosa s'affievolí, le sue parole finirono in un rantolo.

"È finita! Prete Virdis non può dire davvero d'essere un uomo furbo", pensò Annesa dietro l'uscio. Fin da principio ella aveva capito che ziu Zua deviava il discorso e provocava il prete, inducendolo a parlar male, per non lasciargli modo di spiegare il motivo della sua visita. Ma compare Virdis era andato anche troppo oltre, e aveva colpito troppo sul vivo il suo vecchio amico. Annesa adesso lo sentiva muoversi e sbuffare, incapace di rimediare al mal fatto, ed anche lei stringeva i denti, arrabbiata piú contro di lui che contro ziu Zua.

Quella notte il vecchio ebbe un forte accesso d'asma. Annesa credette ch'egli dovesse morire e provò un sentimento di gioia e di terrore.

Ah, se il vecchio moriva! Con la sua morte tutto si accomodava. Ma la morte è sempre un avvenimento misterioso e terribile, e nonostante il suo coraggio ed il suo desiderio crudele, Annesa si spaventò all'idea che il vecchio dovesse morirle fra le braccia da un momento all'altro. Aprí quindi l'uscio di cucina e chiamò Gantine. L'ospite povero non era ancora rientrato; il servo dormiva profondamente, ed anzi russava come un vecchio, cosa che dispiaceva molto alla fidanzata.

Ella dovette chiamarlo due volte: egli si svegliò di soprassalto e stentò a capire quello che Annesa diceva. Poi entrò nella camera e s'avvicinò al lettuccio, ma invece di badare al vecchio, cominciò a pizzicare la fidanzata, tanto ch'ella s'inquietò.

« Malanno che ti prenda, Gantine, sciocco! Ti ho chiamato per questo? »

« E dunque perché mi hai chiamato? » egli mormorò, sospirando. « Non vedi che ziu Zua sta meglio di me? Perché respira un po' male? Vedrai che subito passa. Eh, ziu Zua? » gridò poi piegandosi sul letto. « Che c'è? Come va? Volete che chiami il dottore? »

Il vecchio stralunava gli occhi; agitava le mani, quasi volesse smuover l'aria intorno a sé. Ma dopo un momento si calmò, e il suo viso congestionato riprese il solito colore giallognolo.

« Compare Virdis... » mormorò.

« Volete che lo chiamiamo? » domandò Annesa con premura.

Egli la guardò, ma non rispose.

« Adesso state meglio? Volete il dottore? » insisté Gantine, che si era seduto ai piedi del letto e non aveva intenzione di andarsene.

« Il dottore... il dottore... Quando è che avete chiamato il dottore per me? Un po' d'acqua, almeno, datemi » borbottò il vecchio. « Acqua fresca. »

« Eccola. »

Annesa gli accostò il bicchiere alla bocca, ma egli assaggiò appena l'acqua e la sputò dentro il bicchiere.

« È fuoco questo, non acqua. Nel pozzo non ce n'è? Portami un po' d'acqua fresca, almeno. »

Per tener fresca l'acqua Annesa legava la brocca ad una corda e la calava nel pozzo. Uscí dunque nel cortile e tirò su la brocca, versò un bicchier d'acqua e s'avviava per rientrare quando s'accorse che Gantine le veniva incontro.

« Che vuoi? » domandò.

Egli la prese fra le braccia, la baciò con violenza. Ella rovesciò l'acqua.

« Lasciami » disse irritata, cercando di svincolarsi ma egli la baciò e la strinse piú forte.

« Sei o no mia sposa? » le diceva, quasi anelando, cieco di desiderio. « Perché mi sfuggi sempre? Perché non vuoi mai vedermi? Prima non eri cosí, Annesa! Pare che tu non mi ami piú. »

« Lasciami andare: il vecchio aspetta. »

« Lascialo aspettare: sarebbe meglio che morisse una buona volta. Se egli muore, i padroni potranno finalmente darmi i denari che mi devono, e potremo sposarci. Ma intanto, Annesa, sta qui con me un momento. Tu fuggi sempre. Si direbbe che hai paura. »

« Ho paura, sí » ella rispose, un po' ironica.

« Sei onesta, lo so: e questo mi piace. Ma qualche volta puoi stare con me. »

« Lasciami » ella insisté, con voce aspra.

« Torna, Annesa; ti aspetto » egli supplicò. « Fra due o tre giorni devo partire. Se non ci vediamo stasera non potremo vederci piú. Vieni, Annesa. »

« Lasciami: vedrò. »

Egli la lasciò, ma ella non uscí piú: anzi si affrettò a richiudere l'uscio col catenaccio, e non rispose ai lamenti e alle imprecazioni del vecchio.

Il giorno dopo gli ospiti partirono e anche il servo dovette andare sulla montagna per ricondurre il cavallo di Paulu.

Passata la festa, la vita in casa Decherchi riprese il solito corso monotono e triste. I due nonni andavano in chiesa, poi si trattenevano a lungo coi loro vecchi amici, seduti sulle panche di pietra davanti alla porta del Municipio. Di sera, invece, sedevano davanti alla porta di casa, e qualche volta prete Virdis teneva loro compagnia.

Paulu aveva anche lui i suoi amici, i suoi affari, i suoi intrighi, e quando stava in paese ritornava a casa solo a mezzogiorno e alla sera.

E le due donne lavoravano, e donna Rachele pregava continuamente. A tavola gli uomini parlavano male del prossimo e raramente si occupavano dei loro affari. Eppure questi affari andavano malissimo. Tre giorni dopo la festa, il *messo,* che funzionava anche da usciere, notificò ai Decherchi gli atti per la prima asta della casa e della tanca.

Ancora due settimane e tutto sarebbe andato in malora. I nonni e donna Rachele non sembravano tuttavia molto inquieti; aspettavano forse l'intervento della divina provvidenza, o speravano che Paulu trovasse i denari. Anche lui, del resto, sperava ancora. Ballore Spanu gli aveva detto, prima di partire:

« Io sono ancora come un figlio di famiglia, tu lo sai. Non posso disporre di un centesimo, ma se tu vieni al mio paese posso presentarti alla sorella del parroco, una vecchia riccona, che senza dubbio ti potrà prestare qualche migliaio di lire. Fra otto giorni anche noi avremo la festa: farai bene a venire. »

Egli era deciso di tentare ancora questo passo. E se non gli riusciva...

« Non so perché » disse ad Annesa, la sera prima della partenza « ma son certo che troverò. Non tornerò a casa senza i denari; piuttosto mi uccido... »

Non era la prima volta che egli minacciava di suicidarsi; ma Annesa non si era mai tanto spaventata.

Egli partí. Anche Gantine era partito per la foresta di Lula, dove sarebbe rimasto fino al tempo delle seminagioni.

Il vecchio asmatico volle confessarsi. Prete Virdis rimase lungamente con lui, e quando uscí dalla camera e sedette vicino alla porta assieme coi due nonni, Annesa notò in lui un'insolita letizia.

« Prete Virdis è allegro » ella disse a donna Rachele. « Deve aver convinto ziu Zua ad aiutarci. »

« Dio lo voglia » sospirò l'altra. « Farei un pellegrinaggio a piedi fino alla Madonna di Gonare. »

Ma per quanto Annesa ascoltasse, non sentí il prete dare ai vecchi la buona notizia. Egli chiamò Rosa e le fece raccontare la storia del Signore morto, e discusse a lungo con lei circa i particolari di questa storia, poi chiacchierò con ziu Cosimu e don Simone a proposito di Santus, il pastore accusato di parricidio, e sostenne l'innocenza del disgraziato padre.

« È partito ancora: ha saputo che il figlio si trova in un ovile vicino ad Ozieri. »

« Sarebbe il caso di appiccarlo davvero, se lo trova » disse ziu Cosimu, con insolita asprezza.

Prete Virdis cominciò a sbuffare e a gesticolare, scandolezzato.

« Cosimu Damianu! Che dici? che dici? Son parole d'un cristiano, le tue? E che, diventi una bestia feroce, adesso? »

Allora Rosa raccontò un sogno terribile avuto la notte prima.

« C'era un lupo, lungo lungo, con una codina piccola piccola. E correva dietro a un'altra bestia *ferocia,* in un deserto. Un bel momento apparve un uomo con una canna e uno spiedo... »

« Che sogno, Dio mio » disse ziu Cosimu, facendo gesti di spavento. « Ho paura, io! »

Rosa cominciò a ridere, poi diventò seria e aprí le manine:

« Eh, non aver paura. È un sogno! »

« E poi, l'uomo con lo spiedo? »

« L'uomo corse, corse. E c'era vicino un altro deserto: poi un altro ancora... »

« Insomma ce n'era una provvista di deserti! » esclamò prete Virdis.

« Ascoltate, ascoltate » disse Rosa con impazienza.

E i tre vecchi stettero attenti alle sue chiacchiere fantastiche, mentre nell'andito Annesa e donna Rachele sognavano, la prima aspettando, con tragica attesa, un momento di pace e di speranza, e la seconda pregando invano un Dio che non si commoveva mai

IV

Paulu era partito la mattina all'alba. Da molti anni egli non faceva altro che viaggiare cosí, in cerca di denari, come il cavaliere antico in cerca di tesori. Un po' di sangue di cavaliere spagnuolo scorreva certo nelle sue vene di nobile spiantato. I tempi sono mutati, però; non si trovano piú tesori fra le roccie, né gente pronta ad aprire la borsa. Tuttavia don Paulu Decherchi camminava, e sperava di arrivare finalmente in un luogo abitato da persone meno sordide e avare degli strozzini coi quali aveva avuto sempre a che fare.

Sperava; e quasi era certo di trovar finalmente un po' di fortuna.

"La sorella del parroco è una donna di coscienza" pensava. "Mi darà i soldi e pretenderà un interesse modesto. Cosí potremo saldare il debito verso la Banca, e poi, col tempo, ziu Zua morrà e aggiusteremo per benino i nostri affari."

E va e va. D'un tratto il suo piccolo cavallo bajo, alla cui sella stava legata la bisaccia a fiori bianchi e rossi che pareva ritagliata da un vecchio arazzo, si fermò e sollevò la testa fine e nervosa.

Un sentiero s'apriva, di là di un muricciuolo a secco, a destra dello stradale polveroso e mal tenuto; ma due macchie di rovi rosseggianti di more acerbe ne chiudevano quasi completamente il varco.

« Tu hai ragione » disse a voce alta Paulu, accarezzando la testa dell'intelligente bestia. « È meglio passare di qui. Il sentiero è brutto, ma c'è meno polvere e piú ombra. »

E lasciò andare il cavallo che passò cautamente fra le due macchie.

Il sentiero, mal tracciato, serpeggiava lungo i fianchi della grande vallata. La luce roseo-aranciata dell'aurora illuminava dolcemente il paesaggio; un paesaggio primordiale quasi ancora vergine di orme umane. La valle era tutta scavata nel granito; muraglie di roccie, edifizi strani, colonne naturali, cumuli di pietre che sembravano monumenti preistorici, sorgevano qua e là, resi piú pittoreschi dal verde delle macchie dalle quali erano circondati e inghirlandati. Il letto di un torrente, tutto di granito, d'un grigio chiarissimo, solcava la profondità verdognola della valle, e gli oleandri fioriti che crescevano lungo la riva, fra le roccie levigate, parevano piantati entro ciclopici vasi di pietra. L'alloro dalle foglie lucide, il corbezzolo, il mirto dal frutto nero, il ginepro fragrante, le macchie ancora fresche della rosa peonia, tutte le piante piú rare della flora sarda, rivestivano la valle, circondavano le roccie, si arrampicavano fin sulle cime piú alte. Montagne bianche e azzurre, alcune ancora velate da vapori fluttuanti che il riflesso dell'aurora tingeva d'un rosa dorato, chiudevano l'orizzonte. In lontananza, ai piedi della montagna boscosa dalla quale scendeva direttamente la valle si vedeva il villaggio, bianco e nero tra il verde delle macchie: e piú in qua, in una conca grigiastra, si distinguevano le rovine d'un altro paesetto, i cui abitanti — diceva la leggenda popolare — erano tutti morti durante una pestilenza misteriosa, o erano stati sterminati in una notte sola dagli abitanti del villaggio vicino che volevano allargare il loro territorio.

Paulu sentiva la poesia del mattino e la bellezza del luogo. Da molto tempo non era stato cosí allegro e felice: gli pareva d'esser tornato adolescente, quando partiva di casa allegro e spensierato come un uccello, e correva in cerca di piacere, ignaro dell'avvenire. A momenti si metteva a cantare:

> Sais aes chi olades in s'aèra
> Mi azes a jucher un'imbasciada... (1)

E la sua voce fresca e sottile come quella di una donna risonava nel silenzio del sentiero, e il cavallo scuoteva un'orecchia quasi l'infastidisse l'insolita gaiezza del padrone. Ma Paulu lo spronava e continuava a canticchiare. Sí, era allegro: il ricordo di Annesa, la speranza di trovare il denaro, la bellezza del mattino, lo eccitavano piacevolmente. Al diavolo i tristi ricordi e le tristi figure, e specialmente quella di ziu Zua, e quella del *messo* con le sue cartacce.

E va e va. Scese e risalí tutta la valle, attraverso un piccolo altipiano, arrivò in un villaggio, si fermò in una *locanda* per dar da mangiare al cavallo. Era sua intenzione di ripartire subito; ma una donna lo riconobbe e corse da Pietro Corbu, un ricco proprietario del luogo, per avvertirlo che don Paulu Decherchi era sceso nell'osteria di Zana, la vedova del brigadiere. Don Peu Corbu corse allora dalla vedova Zana, e appena vide Paulu lo caricò d'improperi perché gli aveva fatto il torto di non recarsi subito a casa sua.

« E che, c'è la peste a casa mia? Da quando in qua Paulu Decherchi va all'osteria, invece d'andare in casa d'amici? »

Paulu aveva già domandato denari in prestito a don Peu, che naturalmente glieli aveva negati. Egli domandava denari a tutti i suoi conoscenti, ma non ripeteva la domanda dopo un rifiuto, e serbava rancore quando non li otteneva. Tuttavia finse di veder don Peu con

---

(1) O uccelli, che volate per l'aria,
Mi porterete un'ambasciata...

piacere, gli fece mille complimenti, ma non volle seguirlo.

« Ho fretta » disse. « Mi fermo solo un momento. Vado alla festa di Sant'Isidoro. »

« La festa è posdomani. Tu resterai qui tutta la giornata di oggi, parola di Peu Corbu. »

« Non giurare. Non resto » replicò Paulu. Invece rimase. Don Peu era uno di quei nobili sardi che, se occorre, non sdegnano di lavorare la terra, ma che per lo piú vivono oziosi, in attesa di un amico o di un ospite col quale bere e chiacchierare lungamente.

Afferrò Paulu come una preda, lo portò in giro per il paese, d'osteria in osteria. Bevettero molto entrambi, e Paulu continuò a mostrarsi allegro, e cominciò a raccontare molte fandonie: disse che i suoi affari andavano benissimo e che il vecchio asmatico gli aveva consegnato le sue cartelle perché se ne servisse a suo piacere.

« Vedi » disse, guardandosi il vestito di stoffa inglese finissima, ma goffamente tagliato « questo vestito me lo ha regalato lui, ziu Zua: cioè mi ha regalato trecento lire dicendomi di comprarmi un vestito. »

« Avete fatto molto bene a prendervi quell'uomo in casa » disse don Peu, palpando la sfoffa della giacca. « Dopo tutto, però, anche voi gli volete bene: se capitava in altra famiglia lo ammazzavano. Zana, *ocri madura* (1), porta un'altra bottiglia di quel diavoletto di moscato. »

Zana, una bella vedova dai grandi occhi nerissimi, lasciò il banco della sua botteguccia, nella quale s'ammucchiavano i generi piú disparati, ed entrò nella piccola retrobottega dove s'erano rifugiati i due nobili amici. Questa retrobottega, che riceveva luce da un finestrino praticato sul tetto di canne, serviva anche da sala da pranzo: c'era una tavola apparecchiata, con un canestro ricolmo di quel caratteristico pane sardo

---

(1) Dagli occhi grandi.

detto *carta di musica* e un intero formaggio marcio, da un buco del quale scappavano saltellando piccoli vermi bianchi che sembravano molto allegri e birichini. Sulle pareti tinte di rosso non mancavano calendari e immagini sacre. Una fotografia ingrandita riproduceva, esagerandola, la figura di un carabiniere grasso e pacifico, che sembrava un prete travestito da brigadiere.

« Zana, occhi di stella » disse don Peu, mentre la vedova, seria e compassata, versava da bere « questo nobile qui, vedi, questo cavaliere è vedovo e cerca conforto. Anche tu, mi dissero, cerchi conforto. Non potreste confortarvi a vicenda? »

« Don Peu matto » rispose la vedova con sussiego, « se non fosse per rispetto all'ospite le risponderei male. »

« Lascialo dire, vedovella » pregò Paulu.

La vedova, tuttavia, guardò il vedovo: egli la guardava già. Entrambi avevano bellissimi occhi, e gli occhi belli son fatti per guardarsi anche se hanno già versate molte lagrime sulla tomba di persone care.

Zanna si trattenne ancora un po' coi suoi avventori, poi tornò nella botteguccia, dove un bambino domandava un soldo di lucignoli.

Paulu, non sapeva perché, era diventato triste. Fino a quel momento s'era come suggestionato con le sue vanterie, e gli era parso che realmente i suoi affari andassero bene, e che le cento lire che aveva in tasca non gliele avesse prestate quel goffo e semplice santo uomo di prete Virdis. Ma nell'ombra che si addensava nella piccola retrobottega rossa, egli rivedeva come in sogno certe figure lugubri; il viso del *messo,* nero e selvaggio, balzava dietro la figura cadaverica del vecchio asmatico.

« È ancora una bella donnetta » disse don Peu, accennando alla vedova « ed ha anche dei soldi, dicono. E dicono, io non affermo nulla... parola di don Peu, non so nulla, ma dicono... Bevi dunque, Paulu Decherchi. A che pensi? »

« Non bevo piú. Che dicono, dunque? »

« Tu devi bere, parola di don Peu! Ah, ti preme sapere cosa dicono? Non si può dire qui: c'è il brigadiere che ci ascolta, ah! ah! Addio! »

Don Peu fece un cenno di addio alla fotografia e Paulu bevette. Il moscato della vedova del brigadiere fece ancora sparire la figura dell'usciere.

« Cosa dicono? Cosa dicono, Peu? »

Don Peu abbassò la voce e raccontò salaci storielle sul conto di Zana; ogni tanto sollevava gli occhi maliziosi e guardava il viso bonario del brigadiere morto che, nella penombra, pareva affacciarsi da un mondo lontano per ascoltare con indulgenza le avventure della sua vedova. Ed anche Paulu lo guardava e rideva, dimenticandosi che fra otto giorni la Banca Agricola avrebbe inesorabilmente messo all'asta la vecchia casa e l'ultima tanca della famiglia Decherchi.

L'indomani all'alba ripartí per il paese di Ballore. Il tempo s'era improvvisamente rinfrescato: sembrava di autunno. Egli non si sentiva piú allegro come il giorno prima; la sbornia gli aveva lasciato la bocca acre e la gola arida. Ricordava le due ore passate nel retrobottega della vedova come un sogno eccitante: il vino, le storielle dell'amico, Zana che ogni tanto entrava e con qualche scusa si tratteneva presso la tavola, lo avevano reso folle e incosciente come nei beati tempi della sua prima giovinezza. Nonostante le proteste di don Peu egli aveva voluto pagare una bottiglia, tirando fuori un *marengo*, e poiché la vedova non aveva abbastanza spiccioli per il resto, egli aveva detto:

« Bene, mi darai il resto quando ripasserò, fra tre giorni. »

Zana voleva fargli credito, don Peu voleva prestargli gli spiccioli: egli finse di stizzirsi. L'amico credette che egli facesse lo splendido per cattivarsi l'animo di Zana, e guardò ridendo la fotografia.

In viaggio Paulu ricordava la figura alta e bella della vedova, il suo viso roseo, le labbra voluttuose; ma pensava anche alla piccola Annesa, all'edera tenace e soffocante della quale egli solo conosceva gli abbracci e dalla quale sentiva di non potersi liberare mai piú.

"Zana è bella, ma fosse anche una donna onesta, non si potrebbe amare a lungo" pensava. "Annesa è un tesoro nascosto, inesauribile: ogni suo bacio mi sembra il primo."

Egli non diceva a se stesso che il segreto amoroso di Annesa stava tutto nella passione tragica che egli le inspirava; non lo diceva, ma lo sentiva, e si lasciava prendere e avvolgere tutto da questa passione come il ramo dell'edera. Piú che amare si lasciava amare, e senza essere deliberatamente infedele, guardava e desiderava le altre donne e si lasciava prendere da loro con piacere.

Cosí, senza dimenticare Annesa, ma pensando alla bella vedova, arrivò al villaggio. Grandi nuvole rosee coprivano il sole, una mite luminosità dorava le colline coperte di stoppie, di là delle quali sorgeva un monte calcareo che pareva di marmo rosa: piccole vacche nere s'abbeveravano all'esile ruscello, e le figure dei pastori, vestiti di rosso e di nero, si disegnavano vivamente sul giallo della collina. Ma all'avvicinarsi del paesetto, tutto diventava triste; la strada polverosa, l'aria irrespirabile per l'odore delle immondezze. La chiesetta precedeva di un centinaio di metri il paese, e sorgeva in mezzo ad un campo arido, sparso di cumuli di pietre, di roccie sovrapposte, di massi che formavano circoli, coni, piramidi. Pareva che un popolo primitivo fosse passato in quel campo, tentando costruzioni che aveva poi abbandonato incomplete: tutto era silenzio e desolazione.

Le zampe del cavallo affondavano nella polvere e nelle immondezze. Casupole di pietra, fabbricate sulla roccia, si accumulavano intorno a qualche costruzione nuova; donne scalze e in cuffia, bambini laceri, ragazzetti seminudi, tutto un popolo che pareva sbucato da un sottosuolo lurido e buio, animava la strada polverosa: tutti sussurravano nel vedere don Paulu Decherchi che distribuiva saluti dall'alto del suo cavallo.

Nel passare davanti ad una casa antica, meno povera delle altre, egli si irrigidí, fece caracollare il cavallo, e guardò le finestruole munite d'inferriata. In quella casetta abitava la sorella del Rettore, una vecchia molto ricca, la quale appunto doveva prestare i denari al cavaliere spiantato. Ma nessuno apparve alla finestra ed egli passò oltre; il suo amico abitava in fondo alla straducola, in una casetta costruita sopra la roccia, in fondo ad un cortile aperto.

Ballore Spanu era assente, ma la sua famiglia, composta della madre e di sette sorelle nubili, la piú giovane delle quali aveva passato la trentina, accolse l'ospite con vive manifestazioni di simpatia.

« Ballore è in campagna » disse la madre, una vecchia piccola e grossa, col viso giallognolo quasi completamente nascosto da una benda nera. « C'è un incendio, in un bosco vicino alle nostre tanche, e Ballore mio è andato per aiutare a smorzarlo. Ma tornerà verso sera. E i suoi parenti come stanno, don Paulu? E donna Rachele? Ah, ricordo ancora quando ella venne alla nostra festa: era sposa; sembrava un garofano, tanto era bella. »

Le sette *bajanas* (1) s'affollavano intorno a Paulu, e chi gli serviva il caffè, chi gli porgeva il catino per lavarsi. Si rassomigliavano tutte in modo sorprendente; piccole, grosse, col viso grande, giallognolo, e folte sopracciglia nere riunite sopra il naso aquilino.

Grandi casse nere e rossicce, scolpite con arte primitiva, un letto a baldacchino e una vecchia panca nera,

---

(1) Zitelle.

arredavano la camera che riceveva luce dalla porta: alcune galline entravano ed uscivano liberamente.

Paulu bevette il caffè, si lavò, ascoltò le chiacchiere della vecchia, la quale gli raccontò che litigava da sette anni con un vicino, per un diritto di passaggio in una tanca.

« Sette anni, figlio mio. Solo gli avvocati m'hanno già succhiato piú di duemilatrecento scudi. Ma è per il puntiglio, capirà: pur di vincer la lite, andrei a chieder l'elemosina. »

Verso sera egli uscí. Ma le chiacchiere della vecchia, l'assenza dell'amico, gli sguardi delle sette vecchie zitelle dalle sopracciglia selvagge, lo avevano mortalmente rattristato. Vagò per il paese, domandandosi se doveva far visita al Rettore, che non conosceva ancora. Il cielo si copriva di nuvole, il paesetto, al confronto del quale Barunei pareva a Paulu una cittadina graziosa, dava l'idea di un covo di mendicanti, cupo sotto il cielo cupo.

Gli uomini tornavano dai campi e dai pascoli, alcuni a piedi, altri su piccoli cavalli bianchi o neri: e parevano venir di lontano, silenziosi e stanchi come cavalieri erranti.

D'un tratto la disperazione avvolse col suo velo gelido il cuore di Paulu.

"Dove son venuto a cercar fortuna! In un immondezzaio" pensò, dirigendosi verso la chiesetta fra le roccie. "È mai possibile che trovi denari qui, proprio qui?"

Molta gente s'avviava alla chiesa, dove il Rettore cantava i vespri. Paulu si fermò a guardare le donne, alcune delle quali bellissime nonostante il costume rozzo e barocco, poi entrò in chiesa e si mise vicino a uno strano simulacro che rappresentava la Vergine assisa sulle nuvole. Le nuvole erano di legno nero, rotonde come palle: la Vergine, in cuffia ed in grembiale, pareva un idolo preistorico, mostruoso ed informe. Paulu ricordò i quadretti sacri della retrobottega di Zana, e un'idea gli balenò in mente. Ma subito la respinse con ribrezzo. No, egli poteva abbassarsi a tutto, poteva umiliarsi ai piú ignobili usurai, poteva anche lasciar mettere all'asta la casa e vedere il vecchio nonno e la povera donna Rachele e l'infelice Rosa cacciati dal nido antico come bestie dal covo, ma abbassarsi a chiedere denari ad una donna equivoca mai, mai.

"Meglio morire" pensò, piegando la testa. L'idea del suicidio non lo spaventava. "Se io mi uccido, ziu Zua salverà la mia famiglia. Egli mi odia, ed è per far dispetto a me che non vuole aiutarci, ma se io muoio..."

La figurina di Annesa gli apparve nella penombra della chiesetta; e piú che al dolore dei suoi nonni ed all'angoscia della madre, pensò alla disperazione di lei, e decise di avvertirla del suo funesto proposito.

"Cosí si preparerà, e *dopo* non si tradirà, non farà capire che eravamo amanti, e potrà egualmente sposare Gantine. No, non voglio rovinarla, povera Annesa, anima mia cara."

Lagrime sincere gli corsero lungo le guancie; per nascondere il suo dolore s'inginocchiò, depose il cappello per terra, appoggiò un gomito ad una mano e con l'altra si strinse le tempie.

Un coro d'una tristezza selvaggia indescrivibile risonava nella chiesetta: pareva un rombo lontano di tuono, attraversato da melanconici squilli di campane, da lamenti e singhiozzi infantili. Gli uomini, inginocchiati presso l'altare, intonavano una cantilena lamentosa e nostalgica, con voci basse, eguali, supplichevoli, mentre le donne, sedute per terra in fondo alla chiesa, rispondevano con voce cupa e squillante, sopratutto la voce di una che pareva la direttrice del coro risonava alta e metallica, come il rintocco d'una campana.

L'ombra s'addensava: i pochi ceri dell'altare illuminavano appena il gruppo degli uomini, che appariva nero e bianco in un chiaroscuro lugubre. Paulu non dimenticò mai quell'ora tragica della sua vita. Quel canto selvaggio e triste gli ricordava tutta la sua fanciullezza triste e selvaggia. Figure dimenticate balzavano come dalla penombra della chiesetta e lo assalivano, lo stringevano, gli gridavano strane cose. Rivedeva certi profili di servi che erano stati lunghi anni in casa sua: sentiva la sua balia, che pettinava la piccola Annesa e cantava una filastrocca:

> Isperta, isperta, pilu,
> pilu brundu che seda. (1)

Poi la voce taceva, la balia spariva: al suo posto sedeva il grosso prete Virdis, col fazzoletto in mano, e Rosa passava lentamente in fondo al cortile. Donna Kallina, la povera morta, cerea e trasparente come un fantasma, sedeva al sole, cercando invano di scaldarsi.

E i devoti, nella chiesetta sempre piú melanconica, proseguivano il loro coro desolato: pareva che un popolo nomade passasse nel campo roccioso, intonando un canto nostalgico, un addio alla patria perduta.

Paulu sentiva quest'arcana nostalgia che è nel carattere del popolo sardo. La sete del piacere, del godimento, delle avventure, lo aveva sin da fanciullo spinto in una via che non era la sua: anche lui aveva continuamente sognato una patria lontana, un luogo di gioia dove ora sentiva che non sarebbe arrivato mai piú.

Le sette sorelle di Ballore rimasero edificate per il contegno che egli tenne durante la novena. Ma Ballore, ch'era tornato dalla tanca con le mani scottate, stanco e di cattivo umore, s'accorse del profondo abbattimento di lui.

"Deve essere in terribili condizioni: egli che non crede in Dio ha finto di pregare per intenerire la sorella del Rettore" pensò.

---

(1) Pettina, pettina, capello,
   capello biondo come seta...

E si domandò se non aveva fatto male ad invitarlo. "Come restituirà i denari? Egli non possiede piú nulla. Bella figura farò io col Rettore e con sua sorella!"

Rimasti soli, nella camera dal letto a baldacchino, dove era stata preparata anche la tavola per l'ospite, i due amici si guardarono in viso.

« Vuoi che usciamo? » domandò Ballore. Ma Paulu lo vedeva stanco e di cattivo umore e disse:

« Dove vuoi andare? Dalla persona alla quale hai promesso di presentarmi? È forse troppo tardi. Non si domandano prestiti, a quest'ora! »

« Se occorre, perché no? » disse Ballore: poi sospirò. « Ah, come sono stanco! Per poco il fuoco non mi avvolgeva e mi abbrustoliva come una fava. Ma l'abbiamo domato: fuggiva come un diavolo, e noi dietro, con fronde e bastoni, lo inseguivamo e lo battevamo e lo schiacciavamo come una bestia. Meno male, non è arrivato al bosco, ma ti dico io, ci ha ben morsicato: guarda. »

Fece vedere le braccia rosse, le mani infiammate: anche la barba e le sopracciglia folte e congiunte erano bruciacchiate. Egli sentiva tutta la distanza che passava fra lui, rozzo e forte lavoratore, energico e avaro, pronto a tutto, anche a combattere col fuoco, e Paulu dal viso fine e pallido, dagli occhi melanconici di donna, ancora cerchiati di angoscia. E guardava il suo ospite, e ne sentiva pietà; ma che poteva farci? No, non poteva aiutarlo: egli aveva tanti nemici, tante liti, e doveva pagare gli avvocati: agli amici bastava prodigare buone parole. Buone parole sí, quante Paulu ne volle: tanto che egli s'intenerí e si mostrò con Ballore umile e sfiduciato quanto con don Peu s'era mostrato borioso.

« Te l'ho già detto, Ballò. Io sono rovinato. Se tu non m'aiuti io non so che avverrà di me. È meglio finirla: se io muoio forse le sorti della mia famiglia muteranno: vedi, sono io il cattivo genio della mia casa: dopo la mia nascita è cominciata la decadenza. Sono andato di male in peggio, di male in peggio... »

« Ah, non parlare cosí » disse Ballore. « Sei giovane, sei sano. Puoi fare, se non altro, un buon matrimonio. Mi meraviglio, anzi, che tu non ci pensi. Donna Kallina, beata, era una santa, ma credo che la sua anima buona gioirebbe se... »

« Taci » supplicò Paulu. « Che essa non ti senta. Io non riprenderò mai moglie. »

« Eppure è forse l'unico mezzo. »

Paulu credette che Ballore insistesse forse per proporgli una delle sue sorelle, e provò un senso di freddo. Le donne gli piacevano, anche se brutte, purché graziose, ma quelle sette vecchie vergini dalle sopracciglia minacciose gli davano l'idea di esseri ibridi, metà donne e metà uccelli, e gli destavano un invincibile disgusto.

« Ballore » disse, pensando ad Annesa, « siamo uomini entrambi e tu mi compatirai. Devo dirti una cosa. Io ho una relazione segreta con una donna. Non sono un miserabile; sono disgraziato; ma non disonesto. Forse non sposerò mai questa donna, ma non l'abbandonerò mai. »

« Perché non puoi sposarla? È povera? »

« È maritata » disse Paulu, per non far sospettare di Annesa. « Io le ho voluto sempre bene, fin da bambino, ma la fatalità ci ha separato. Io presi moglie, poi quando rimasi vedovo rividi la donna. In quel tempo, per il mio lutto, ero costretto ad una vita triste, casta. Non potevo divertirmi, non avvicinavo donne. Un giorno mi trovai solo con la mia amica, in campagna. Io l'avevo sempre rispettata, e speravo di non lasciarmi vincere mai dalla passione. Ma il desiderio fu piú forte di me, mi vinse, mi accecò. E il peggio fu che la donna non aspettava che un cenno per darsi interamente a me. Anche lei mi aveva sempre amato: mi si avvinghiò, si strinse a me come l'edera alla pianta. Io non la posso lasciare. »

« Ah, Paulu, Paulu! » disse Ballore sospirando. « Ecco il tuo guaio: sei stato sempre un debole. »

« E tu credi che io non lo sappia? Lo so, purtroppo » continuò Paulu, eccitato, ricordando le lagrime infantili versate in chiesa; « io sono un bambino, e capisco che la mia debolezza e la mia impotenza furono causa dei nostri guai: e piú che questi guai mi accora appunto il vedermi cosí, sempre debole, sempre fanciullo. Io ho sbagliato strada, Ballore, e nessuno piú potrebbe additarmi la mia via. Se avessi continuato a studiare sarei diventato qualche cosa, ma già mio padre, mia madre, i miei nonni, tutti, tutti hanno commesso un grave errore cacciandomi in seminario. Non ero uccello di gabbia, io! Chiusero la porta ed io tentai di scappare per la finestra. Allora mi mandarono via, e fu da quel giorno che smarrii la strada. Nessuno mi disse che dovevo lavorare, ed io me ne andai per il mondo, e fui come quei mendicanti che vanno di festa in festa. Anche io nelle feste cercavo qualche cosa che non trovavo mai. Non sono cattivo, però, vedi: non ho mai fatto del bene, ma neppure del male. Tante volte anzi, ho desiderato di poter fare almeno il male, come sanno farlo molti, con forza e con astuzia. Niente: neppure questo so fare. Ti ripeto, sono rimasto un bambino: la mia intelligenza e la mia istruzione, e tutto insomma; tutto in me si è fermato nel meglio del suo sviluppo: sono come quei frutti che si seccano prima di maturare... »

L'altro ascoltava, e non riusciva a capire tutta la finezza e la desolazione del discorso di Paulu; capiva una cosa sola: che l'amico nobile non si sarebbe mai piú sollevato dalla sua rovina morale e materiale, e si pentiva d'averlo invitato.

Chiacchierarono ancora, poi andarono a letto.

All'alba Paulu si svegliò e si accorse che Ballore usciva, ma quando egli si alzò, l'amico era già rientrato e beveva un bicchierino d'acquavite.

« Che dormire ho fatto! » disse Ballore. « Mi sveglio appena adesso. Bevi. »

Uscirono, andarono in chiesa. La festa era molto misera. I paesani, quasi tutti contadini che festeggiavano Sant'Isidoro agricoltore, avevano fatto una scarsa raccolta. Ballore, anzi, cominciò a lamentarsi:

« Quest'inverno qualcuno morrà di fame; la miseria è profonda. *Mussiú Giuanne* (1) farà festa. Ah, i tempi sono cambiati, Paulu mio! Ora tutti, chi piú chi meno, stentiamo a vivere, mentre quando io ero fanciullo, ricordo, tutti vivevano agiatamente. Che gente ricca esisteva allora! Vedi, il Rettore e la sorella, avevano i denari a sacchi, proprio a sacchi. »

« Perciò » ricordò Paulu « furono derubati. »

« Fu una famosa grassazione: quaranta individui armati e mascherati... e si dice che ve ne fossero parecchi del tuo paese, eh, Paulé, non offenderti! Assalirono la casa del Rettore, denudarono il povero prete e la sorella, li legarono assieme, li gettarono sopra un letto, fecero man bassa di tutto... Si dice portassero via piú di diecimila scudi. »

Quando Paulu e l'ospite andarono dal Rettore, la sorella, una piccola vecchia con la cuffia di broccato, cominciò appunto a ricordare la storia della grassazione: da quaranta anni a questa parte ella non faceva altro che raccontare quella storia. La sua bocca spalancata, gli occhietti neri fissi e vitrei parevano ancor pieni del terrore di quell'ora mostruosa.

« Ce n'era uno, di quei demoni, alto e nero, con una sopravveste di pelle, lunga quasi fino alle caviglie: pareva un enorme montone rizzato sulle zampe posteriori. Figli miei, io lo sogno tutte le notti, sempre con terrore, quel demonio nero peloso... Ah, ci hanno rovinato: non ci lasciarono neppure cenere nel focolare. »

_____

(1) La fame.

Basta, la conclusione fu che né il Rettore né la vecchia avevano denari disponibili. Paulu uscí da quella casa con la disperazione nell'anima.

"Ballore questa mattina deve aver consigliato la vecchia a negarmi il prestito", pensò.

Il dolore e l'umiliazione risvegliarono il suo orgoglio, e come con don Peu, finse con Ballore una spensieratezza e un'allegria esagerate. Rimase tutto il giorno nel villaggio, spese il resto delle cento lire in doni per le sue ospiti, bevette e rise.

Ripartí il giorno dopo, all'alba: non sapeva dove dirigersi, ma non voleva assolutamente tornare in paese senza i denari.

"Piuttosto mi sdraio sotto un albero e mi lascio morir di fame."

Cammina, cammina. Il cielo era triste, annuvolato; e la terra assetata, gli alberi polverosi, le roccie aride, aspettavano in silenzio, pazientemente, la pioggia promessa. Non si muoveva una foglia; non s'udiva, nel paesaggio livido e giallo, una voce umana, un grido di viventi. Dove andare, se tutto il mondo era per Paulu simile a quel luogo deserto? Era finita: finita davvero.

Cammina, cammina; il cavallo docile e pensieroso trottava, e quando vedeva qualche varco nei muriccioli delle *tancas* non esitava ad oltrepassarlo, in cerca d'una scorciatoia. D'un tratto, mentre appunto attraversava una scorciatoia, nelle vicinanze del paesetto di don Peu, Paulu si sentí chiamare da una voce che gli parve di riconoscere. Il cavallo si fermò. Un uomo alto e grosso, con una lunga barba rossastra, e un ragazzetto lacero e selvaggio che pareva uno zingaro, s'avanzavano rapidamente.

« Don Paulu, don Paulu? » gridava l'uomo ansante e stanco.

Paulu riconobbe Santus, il pastore che la voce pubblica accusava di parricidio: il ragazzetto era il figlio.

« Come, l'avete ritrovata finalmente questa buona lana? »

Santus prese il ragazzo per le spalle e lo scosse ruvidamente.

« Ho fatto due volte il giro della Sardegna a piedi, ma spero di morire non disonorato. Eccolo qui l'uccello del diavolo: ora lo conduco dal brigadiere e dico a tutti: vedete se un padre può ammazzare il figlio, che vi ammazzino senza che ve ne possiate accorgere! Ed ora me ne lavo le mani, don Paulu. »

L'uomo imprecava, ma nonostante la stanchezza, l'ansia, i patimenti che gli si leggevano in viso, dimostrava una gioia selvaggia; il ragazzo invece era cupo e guardava lontano, e i suoi grandi occhi azzurri parevano gli occhi d'un prigioniero, sognanti la fuga.

« Tornate difilato in paese? » domandò Paulu, senza interessarsi molto ai casi di Santus e del ragazzo.

« Subito; le occorre qualche cosa? »

« Allora » egli' disse lentamente, meditando le parole prima di pronunziarle « vi darò un bigliettino che consegnerete ad Annesa: ma a lei solamente, avete capito? Inoltre le direte a voce che per stasera non mi aspettino. »

« Va bene, don Paulu. »

Allora Paulu trasse il suo taccuino e scrisse poche parole col lapis.

"Ritorno da O ***, pernotterò qui, in casa di don Peu Corbu. Viaggio inutile. Nessuna fortuna: nessuna speranza. Non so quando ritornerò. Ricordati ciò che ti dissi prima di partire. Non spaventarti."

Santus non sapeva leggere. Paulu gli consegnò il biglietto appena piegato: l'altro lo prese, lo mise nella borsetta della cintura e promise di consegnarlo solo ad Annesa: e proseguí il viaggio, spingendosi avanti il fanciullo taciturno, e fermandosi con tutti i viandanti che incontrava per raccontar loro la sua storia. E non pensava che dentro la borsetta della sua cintura portava il seme d'un dramma ben piú terribile del suo.

Paulu, nonostante le rimostranze già fatte da don Peu, smontò ancora dalla vedova del brigadiere. Nessun progetto lo guidava, ma dopo aver scritto e consegnato il biglietto per Annesa s'era sentito ancora piú triste, piú inquieto: il proposito di non ritornare senza i denari gli dava una specie di ossessione.

"Ho ancora cinque giorni di tempo" pensava. "Dovessi girare come quel disgraziato Santus, ma non tornerò a casa a mani vuote. Oramai è per me una questione d'onore."

Dove andare, però? Ricordò gli usurai di Nuoro, e fra altri una donna che anni prima gli aveva prestato mille lire al trecento per cento.

"Che differenza esiste fra un'usuraia simile e una vedova che non gode ottima fama?" si domandò.

Ma quando scese davanti alla botteguccia di Zana e vide la donna correre alla porta e sorridergli con famigliarità, come se l'avesse atteso certa del suo ritorno, provò un impeto di disgusto. No, no, egli non le avrebbe domandato mai i denari.

« Ah » disse Zana, prendendo per la briglia il cavallo di Paulu, « lei non ha dimenticato il resto, a quanto vedo. »

Spinse il portoncino attiguo alla porta e introdusse il cavallo nel cortiletto: Paulu la lasciò fare; la seguí, si levò lo sprone, ma non pareva disposto a scherzare.

Zana invece sembrava allegra; non era piú la vedova compassata e seria che vendeva i lucignoli nella botteguccia o serviva decorosamente gli avventori nella retrobottega; era una donna bella e giovane, che da tre giorni pensava agli occhi dolci e allo sguardo languido del nobile amico di don Peu.

« Sono sola in casa » disse, dopo aver legato il cavallo. « La serva è andata a lavare. Non ho potuto preparare niente: bisogna quindi che lei abbia pazienza. »

Era quasi mezzogiorno: il silenzio tragico dei giorni annuvolati regnava sul paesetto, sul cortile, sulla casa della vedova.

Paulu entrò e sedette davanti alla tavola apparecchiata sulla quale stava ancora la *carta di musica*: dalla parete color sangue coagulato il brigadiere guardava, ancor piú pacifico del solito, nella penombra silenziosa di quel giorno velato e caldo.

Paulu mangiò poco e bevette molto: e piú beveva piú gli pareva che la sua mente, annuvolata come il cielo, si schiarisse, e che molti problemi si risolvessero.

« Che differenza c'è fra un'usuraia e una vedova come Zana? Nessuna. Ciò che vale l'una vale l'altra. »

Zana entrava ed usciva. Gli serví una scatola di sardine, poi due uova, poi un piatto di fritto.

« Come, e tu dicevi che non avevi niente? Purché dopo non mi porti un conto troppo lungo. »

Zana lo guardava sorridendo.

« Era il mio modesto desinare, don Paulu. Non si burli di me. »

« Come! » egli disse, alzandosi. « Il tuo desinare? E tu, allora? Come farai? »

« Non pensi a me, don Paulu. »

Ma egli era già mezzo brillo, e stette un momento in piedi, comicamente mortificato per aver mangiato il pranzo di Zana. Poi rise e disse:

« Pensare che oggi a casa mia si dà un pranzo a sei poveri, e mia madre in persona deve servirli; sulla tavola stanno le nostre piú belle stoviglie e le posate d'argento. Ed io sto qui a mangiare il pranzo della vedova. »

« Sua madre deve servirli? È un voto? »

« No, è un lascito, o meglio un canone che grava su una nostra *tanca*. »

Subito pensò che forse quel *pranzo di poveri* era l'ultimo che la sua santa madre serviva, e si fece cupo, quasi livido; e l'idea di farsi prestare i soldi dalla vedova tornò a insistergli nel pensiero.

V

Tutti gli anni donna Rachele faceva chiamare qualche donna del vicinato, per aiutare Annesa a preparare il pranzo dei poveri.

Quell'anno, però, Annesa disse che non voleva aiuto da nessuno. Era già troppa la spesa del pranzo; parecchi scudi che ella diceva "buttati ai cani ed ai corvi".

Anche Paulu ogni anno protestava, e il giorno del *pranzo dei poveri* non tornava a casa per non arrabbiarsi nel veder la madre affaticarsi e abbassarsi a servire sei pezzenti miserabili.

Ma donna Rachele, con la sua santa pazienza, lasciava borbottare i "ragazzi" e aspettava quasi con ansia quel giorno per lei benedetto. Pensava:

"Gesú nostro Signore lavava i piedi ai poveri. Anch'io vorrei fare altrettanto coi poveri seduti alla mia mensa."

Da anni ed anni, forse anzi da secoli, una dama Decherchi compiva il sacro obbligo di servire con le sue mani "sei poveri modesti, di cui possibilmente fosse celata l'indigenza".

E donna Rachele s'era sempre opposta alla vendita della *tanca* gravata di quel canone, appunto perché aveva cara la pietosa cerimonia.

Cosí la *tanca* era rimasta l'ultima: ma ora bisognava rassegnarsi alla violenza inesorabile degli eventi. Pazienza. D'altronde Paulu non era tornato ancora, e l'ultima speranza di donna Rachele e dei nonni era riposta in lui.

« Basta, l'anno venturo sarò forse morta. Pensiamo

a fare bene il nostro dovere quest'anno » diceva la pia donna ad Annesa inquieta e nervosa.

Quasi tutti gli anni i sei "poveri modesti" che convenivano segretamente al pranzo, erano gli stessi. E nonostante il mistero che li circondava, buona parte degli abitanti di Barunei sapeva che il tal giorno e alla tale ora i sei tali mangiavano con forchette d'argento e serviti da una dama. Ogni anno la sera del pranzo il *messo,* che era mezzo matto, si divertiva a passare davanti alle case dei poveri, chiamandoli a nome e rivolgendo loro qualche scherzo umiliante:

« Chircu Pira, vieni fuori! Di', mangi anche stasera colla posata d'argento? »

« Matteu Bette? Che ne dici, è meglio mangiar la minestra col cucchiaio d'argento o col cucchiaio di legno? »

« Ti lecchi ancora le dita, Miale Caschitta? »

La vigilia del pranzo zia Anna, la vecchia cugina di donna Rachele, si offrí per aiutare Annesa.

« Cosí vedrò di scegliermi uno sposo fra i vostri ricchi invitati » disse scherzando.

« Vieni pure » rispose la vedova. « Ma bada che a tavola devo servire io sola. Non voglio che tu mi aiuti. »

« Come si fa, allora? Non posso guardare gli invitati. »

La mattina per tempo zia Anna ritornò, e subito ricominciò a scherzare. Disse che uno degli invitati, un certo Matteu Corbu, detto *ventre di leone,* l'aveva una volta chiesta in matrimonio.

« Non l'ho voluto perché era un mangione: tanto è vero che s'è mangiato tutto; avrebbe finito di mangiarsi anche la moglie. »

Ma Annesa non badava a zia Anna. Cucinava e pensava con angoscia a Paulu assente da tre giorni. Dove era? Perché non tornava? Le parole di lui le ritornavano in mente con sempre piú cupa minaccia.

"È l'ultimo viaggio questo: o trovo o non torno!"

Ogni tanto, quando nella straducola risonava il passo d'un cavallo, ella palpitava: ma non era il passo del cavallo baio: la speranza svaniva, l'inquietudine cresceva. Come al solito, ella vestiva decentemente, pulita, pettinata con cura: ma donna Rachele, che entrava ed usciva dalla camera alla cucina e da questa al cortile dove era stato acceso il fuoco per cuocere la pasta, e arrostire la carne, notava in lei qualche cosa d'insolito e di strano.

« A momenti sei pallida, a momenti il tuo viso è infiammato » le disse sfiorandole con le dita la fronte. « Che hai? Sei malata? sei stanca? »

« Ma niente! È il calore del fuoco » disse Annesa irritata:

Anche zia Anna la guardò e non scherzò piú. Dagli occhi dolci e tristi di Annesa era scomparsa la solita mansuetudine: a momenti splendevano d'una luce selvaggia, fissi e incoscienti come gli occhi d'un allucinato.

« La ragazza oggi è di malumore; lasciamola tranquilla. È in collera perché non voleva che quest'anno si desse il pranzo » confidò donna Rachele alla cugina.

Zia Anna, veramente, non dava torto ad Annesa. Dal momento che fra pochi giorni la *tanca* doveva essere messa all'asta, era stupido soddisfare il canone. Ma non disse nulla e continuò a girare lo spiedo sulla brace fumante.

Nella camera del vecchio asmatico la tavola era già apparecchiata: sulla tovaglia giallognola le ultime sei posate d'argento stavano accanto ai piatti bianchi sparsi di fiorellini rossi.

Già due invitati, due vecchi fratelli, Chircu e Predu Pira, sedevano davanti al lettuccio dell'asmatico. Erano due vecchi disgraziati, di buona famiglia, che avevano tentato sempre qualche negozio, qualche impresa, e sempre fallito. Vestivano decentemente, in borghese, ma i loro visi bianchi, cascanti, le mani scarne, gli occhi pieni di tristezza, narravano una lunga storia di dolore e di stenti: poveri modesti, veramente, dei quali però l'indigenza era ben nota; e donna Rachele li aveva invitati per far piacere a ziu Zua, del quale il meno vecchio, Chircu, era stato amico intimo. Mentre si aspettavano gli altri invitati, ziu Zua profittava dei momenti in cui donna Rachele usciva nel cortile per parlare male dei suoi parenti. La sua voce bassa ed ansante si spandeva come un gemito nella camera melanconica. Dalla finestra socchiusa penetrava un filo di luce grigia, un odore di foglie umide: tutto era triste là dentro, il vecchio cadaverico, la tovaglia giallognola ᴗ i due fratelli dal viso bianco di fame

Ziu Zua parlava male di tutti, persino di Rosa.

« Cosimu Damianu è andato in campagna, oggi: vuol lavorare, il vecchio fannullone. Adesso, adesso! Adesso che la sua bocca è vicina alla fossa. Vuol lavorare adesso, dopo che è vissuto tutta la vita alle spalle degli altri. E don Simone è andato a spasso: ha bisogno di camminare, per farsi venir l'appetito, il vecchio nobile. Passeggia, passeggia pure, caro mio; l'anno venturo l'invitato sarai tu al pranzo dei poveri, invitato dal nuovo padrone della tua *tanca*. »

I due vecchi sorrisero tristemente: ma il piú anziano, al quale l'asmatico riusciva alquanto odioso, per fargli dispetto disse:

, « Paulu porterà oggi i denari: dicono sia andato a Nuoro, dove... »

« Taci » interruppe ziu Zua, cercando di sollevarsi sul guanciale, e animandosi cupamente al ricordo di Paulu. « Corni porterà, quel vagabondo, quel giramondo; chi gli fa piú credito? Tutti ridono di lui. Ah, tutti, sí, tutti... ah... »

La collera lo soffocava. Il vecchio Pira s'alzò e gli accomodò il cuscino sulle spalle. ·

« Non adirarti, cosí, Zua: ti fa male. »

« Mi adiro, sí, perché, vedi, tutti credono che egli

sia in viaggio per affari suoi, per... Basta, invece...
ah, ah... »

« Invece è in giro per divertirsi, lo sappiamo » disse
Chircu Pira, cercando di calmare l'amico. « Lo sappiamo. »

« Sí, vecchi miei. È andato alla festa di Sant'Isidoro.
E si è fatto prestare i denari. Ah, non pensa che fra
cinque giorni si farà la prima asta della casa e della
tanca: non ci pensa, come del resto nessuno ci pensa,
qui. Oh, son tutti allegri: se ne infischiano, loro! Vedete don Simone? Egli se ne va a passeggio, per farsi
venir l'appetito. Sperano forse che io muoia, entro questi cinque giorni: ma la mia pelle è dura, e dentro la
mia pelle ci stanno sette anime, come le ha il gatto.
Non morrò, vecchi miei, e se morrò, c'è qualcuno che
verrà... verrà a vedere... ah! »

« Che cosa verrà a vedere? Zua, non adirarti » ripeté il vecchio amico, « ti farà male. »

Ma l'altro fratello insisté:

« Che verrà a vedere? »

Ma l'asmatico s'era già pentito delle sue parole, e
non volle dire altro.

« Quante mosche » si lamentò, scuotendo lentamente la mano intorno al cui polso teneva il rosario. « Che
brutta giornata! Quando fa questo caldo afoso, soffro
tanto: ieri notte credevo davvero di soffocare. E quell'asina di Annesa, buona anche quella, mala fata la
porti, mi guardava come se avesse voluto... Ah, ecco
che vengono... »

Qualcuno entrò; s'udí nell'andito il riso melanconico
di Rosa. Ed ecco la testa enorme, gli occhi vivi e il vestitino rosso e azzurro della bimba: e dietro di lei il
vestito nero, il bastone, il berretto di don Simone.

Il vecchio nobile sembrava piú allegro del solito,
scherzava con la bambina, tirandole la cocca del fazzoletto che le avvolgeva la testa, e dicendole infantilmente:

« Avanti, puledrina. Cammina. »

Ziu Zua lo guardò con disprezzo.

Poi giunsero gli altri invitati, dei quali uno solo era giovanissimo, cieco sin dall'infanzia. Don Simone sedette a tavola coi poveri, cosa che non aveva fatto mai, e volle Rosa al suo fianco.

« Donna Rachele » gridò, scherzando « siamo pronti. Avete sbagliato il numero, però, quest'anno: invece di sei avete invitato sette poveri; anzi sette e mezzo. »

Rigida e pallida, nel suo costume nero, donna Rachele entrò, portando un largo piatto colmo di maccheroni; sorrideva, ma quando vide il vecchio suocero seduto fra i poveri commensali trasalí; e lagrime amare inumidirono i suoi occhi. Egli però la guardava sorridendo, con gli occhi pieni di gioia, ed ella pensò:

"Pare che voglia dirmi qualche cosa. Una buona notizia, forse? Che gli abbia scritto Paulu?"

Durante il pranzo don Simone scherzò, ma la sua presenza intimidiva alquanto gli invitati; egli cominciò a prenderli in giro bonariamente.

> Matteu, brente 'e leone,
> chi pares una balena,
> a denotte duas chenas
> e una colassione, (1)

disse a Matteu Corbu, il vecchietto mangione che si vantava d'aver una volta divorato un intero agnello.

La quartina esilarò gli invitati; credendo di far piacere al padrone di casa, alcuni cominciarono a perseguitare il vecchietto coi loro scherzi.

« La tua canzone favorita, in gioventú, qual era, Matteu? » domandò zio Chircu. « Ricordati bene. »

Ma il vecchietto, che pareva un piccolo San Pietro,

----

(1) Matteu, ventre di leone,
    che sembri una balena,
    di notte [fai] due cene
    e una colazione.

calvo e coi capelli lunghi sulla nuca, mangiava tranquillamente e taceva. Accanto a lui Niculinu il cieco palpava la tovaglia e sorrideva.

« Tu non ricordi? Ebbene, Matteu? Sei sordo? Io la ricordo, però, la tua canzone:

> Si sar muntagnas fin de maccarrones,
> E i sar baddes de casu frattadu... (1)

Rosa ascoltava avidamente: d'un tratto scoppiò a ridere e volle dire una cosa nell'orecchio a don Simone.

« Ma che vuoi? Non ti sento, Rosa. »

« Andiamo, ve la dirò in cucina. »

Scese pesantemente dalla sedia e tirò la giacca del nonno: egli si alzò e la seguí in cucina.

« Fategli ripetere la canzonetta dei maccheroni, nonno. »

« Diavoletta, mi hai fatto venir qui per questo? Ah, diavoletta! »

Ella scappò, egli la rincorse fino al cortile. Zia Anna era in cucina, Annesa serviva il vecchio asmatico; donna Rachele uscí nel cortile e si chinò per togliere lo spiedo dal focolare: don Simone allora le disse rapidamente:

« Prete Virdis m'ha confidato una cosa, ma in gran segreto. Egli ha convinto Zua a comprar la casa e la *tanca*; cosí tutto si accomoderà. Ma per amor di Dio, non parlarne con nessuno, nemmeno con Annesa. »

« Andiamo, Rosa » disse poi alla bambina. « Faremo ripetere la canzonetta. »

Quando la vedova entrò, portando l'arrosto, tutti si accorsero che ella aveva mutato aspetto: una gioia quasi febbrile le animava lo sguardo, parole di amore e di dolcezza le uscivano dalle labbra lievemente colorate. Anche Annesa s'accorse di quest'eccitazione, ma

---

(1) Se le montagne fossero di maccheroni,
E le valli di formaggio grattugiato...

l'attribuí al piacere quasi mistico che la santa donna provava nel servire i poveri; e la sua tristezza e la sua irritazione crebbero. A momenti anche lei pensava male dei suoi benefattori; sí davvero, faceva rabbia vederli cosí incoscienti e allegri alla vigilia della loro completa rovina. E Paulu che non tornava. Dov'era Paulu? Il pensiero di Annesa lo cercava, lo seguiva, per l'immensità deserta delle *tancas,* attraverso i sentieri melanconici, sotto quel cielo cupo e minaccioso che anche sopra di lei, sopra la sua testa dolente, pareva pesasse come una volta di pietra.

I commensali parlavano di Niculinu il cieco.

« Dice che da qualche tempo a questa parte gli pare, in certi giorni, di veder come un barlume lontano. Fino all'età di tre anni non è stato cieco: lo è diventato dopo una grave malattia. Ultimamente è andato alla festa del Redentore, a Nuoro, e crede di riacquistare lentamente la vista. Non è vero, Niculinu? »

Il cieco per tutta risposta si fece il segno della croce.

« In nome del Padre, del Figlio e dello Spirito Santo » esclamò donna Rachele, segnandosi anche lei. « Dio è onnipotente e può tutto: sia sempre lodato il suo santo nome. »

E batté la mano sulla spalla di Niculinu, quasi per significargli che anche lei fino a quel momento era stata come cieca, mentre adesso cominciava a intravedere un lontano barlume di speranza. Ah sí: ella ricominciava a sperare nella bontà umana, e questa speranza era la cagione della sua gioia: avrebbe voluto avvicinarsi al lettuccio del vecchio asmatico e dire:

"Zua Decherchi, ti ringrazio, non perché ci serbi la casa e l'ultimo pezzo di terra, ma perché ti dimostri buono mentre tutti ti credevamo malvagio."

Ma don Simone la guardava ed ella capiva che doveva tenere il segreto.

E lo tenne, ma durante il pomeriggio prodigò mille attenzioni al vecchio asmatico: egli ne indovinò la causa, e s'irritò maggiormente; e la sua irritazione insprí quella di Annesa.

La giornata diventava sempre piú cupa e triste; il tuono rumoreggiava in lontananza, dietro la montagna livida e nera. Qualche cosa di angoscioso e di tragico gravava nell'aria.

Finito il pranzo, i poveri se n'andarono, tutto rientrò nell'ordine e nel silenzio melanconico di prima. Solo, di tanto in tanto, zio Zua gemeva, e se Annesa attraversava la camera, quel gemito diventava simile a un ringhio.

Ella lavorava e taceva: rimise le stoviglie, le posate, spazzò la cucina e il cortile; poi andò alla fonte, con l'anfora sul capo, e si fermò a lungo davanti ai paracarri, guardando le lontananze della valle. Sotto il cielo grigio solcato di nuvole d'un nero terreo, la valle si sprofondava come un precipizio, le roccie sembravano pronte a rovesciarsi le une sulle altre; il bosco della montagna si confondeva con le nubi sempre piú basse.

E Paulu non veniva. Annesa soffriva un terribile mal di capo; le pareva che l'anfora fosse una delle roccie che, nel suo capogiro, ella vedeva quasi muoversi e precipitare: e il tuono le risonava dentro la testa, con un rombo continuo. Stava per avviarsi di nuovo, quando vide Santus il pastore e altri tre uomini e un fanciullo avanzarsi sullo stradale. Aveva la febbre, o il fanciullo che si avvicinava, preceduto da due vecchi e seguito dal padre e da un altro paesano, era veramente il figlio smarrito di Santus? La curiosità le fece per un po' dimenticare il suo affanno: si tolse la brocca dal capo, la depose sul paracarri e attese. Il gruppo s'avvicinava; la voce di Santus, alta e allegra, arrivava sempre piú distinta nel silenzio dello stradale solitario.

« Perdio, lo conduco subito dal brigadiere: poi se vuol scappare scappi pure e vada al diavolo. »

Il fanciullo taceva. Annesa guardava; e non si stupí quando Santus gridò:

« Annesa, ohè, Annesa! Ecco qui l'uccellino scappato. Lo vedi? Guardalo bene: anche tu puoi dire che è lui? »

« E dove sei stato, tutto questo tempo? » ella domandò quando i paesani le furono vicini.

Il ragazzetto la fissò coi suoi occhi azzurri cattivi, ma non rispose.

« Abbiamo incontrato don Paulu » le fece sapere il pastore; « stanotte non tornerà in paese: non lo aspettate. »

Annesa, che si rimetteva sul capo la brocca vibrò tutta, e per nascondere il suo turbamento lasciò che i paesani passassero oltre. Ma le parve che Santus si voltasse e si fermasse poi ad aspettarla.

"Egli deve dirmi qualche cosa" pensò raggiungendolo.

Gli altri precedevano di qualche passo.

« Dove hai veduto don Paulu? » ella domandò sottovoce.

« Nei *salti* di Magudas: era diretto a quel paese. Anzi, mi diede un bigliettino per te, per darlo a don Simone, forse... » aggiunse il pastore, ch'era un buon uomo, ma non senza malizia. E le mise in mano il biglietto che aveva destramente levato dalla borsa della cintura.

Annesa strinse nel pugno il pezzetto di carta: una brace non l'avrebbe scottata di piú. Il pastore parlava, ella non sentiva. Sentiva solo il rombo dei tuoni in lontananza: e le pareva che dentro il pugno stringesse non un pezzetto di carta, ma un cuore pulsante, un'anima che urlava e spasimava. Che avveniva? Paulu non le aveva mai scritto. Perché le scriveva, adesso? Una buona o una cattiva notizia? Ella non dubitò che un istante: la notizia doveva essere triste. Ed ebbe paura di apprenderla troppo presto.

Una donnina seduta a cavalcioni su un cavallino bianco raggiunse la comitiva, e riconoscendo il figlio di Santus cominciò a dar gridi di sorpresa e di gioia.

« Eccolo, sí; è lui! Ah, come sono contenta! No, non era possibile che un abitante di Barunei avesse ucciso il suo figliuolo: il nostro paese ne sarebbe rimasto infamato: anche nelle "canzoni" dei girovaghi sarebbe stato nominato e infamato, il nostro Barunei. »

« Sta zitta, Anna Pica » gridò Santus. « La tua lingua sembra un coltello. »

Annesa si fermò, come s'erano fermati gli altri, ma sentiva solo il rombo del tuono, e dentro il pugno la carta fatale: null'altro esisteva per lei.

Gli altri si mossero; attraversarono il paese: ella li seguí, si trovò in mezzo alla folla che a poco a poco s'era radunata intorno al pastore, stette ad ascoltare, sorrise. Una fiamma improvvisa, un tuono fortissimo, alcune goccie di pioggia fecero correre la gente di qua e di là: ella si trovò quasi sola in fondo alla straducola che conduceva alla casa dei suoi benefattori, e s'avviò correndo.

Donna Rachele era andata con Rosa alla novena; solo il gemito del vecchio asmatico, quel giorno piú cupo e agitato del solito, animava la casa deserta. La luce metallica dei lampi inondava ogni tanto la camera buia, l'andito silenzioso.

Annesa depose la brocca, sempre stringendo nel pugno il biglietto; poi uscí nel cortile e lesse a stento il triste messaggio: "ricordati ciò che ti dissi prima di partire...". Un lampo terribile, un tuono fragoroso riempirono di terrore il cielo: ella credette che il fulmine fosse piombato sopra di lei, e gemette come gemeva il vecchio.

« Egli non ha trovato. Egli si ucciderà. Questa volta, questa volta è davvero. Fra due, fra tre giorni, quando non ci sarà piú speranza, egli morrà. È cosí. »

Un nuovo rombo formidabile, il bagliore azzurro d'un lampo, un altro tuono ancora, riempirono il cortile di luce e d'orrore: la pioggia scrosciò furiosa. Ella rientrò in cucina e appoggiò la fronte alla porta chiusa, pensando che se Paulu a quell'ora viaggiava, doveva bagnarsi tutto. E per alcun tempo questo pensiero l'inquietò piú che la minaccia del biglietto: un tremito nervoso l'agitava tutta; le pareva di sentir la pioggia scorrerle lungo le spalle, bagnarle la schiena e tutta la persona, giú, giú, fino ai piedi.

E non poteva gridare, non poteva piangere: un nodo isterico le stringeva la gola. Fuori cresceva la furia del temporale, la pioggia batteva contro la porta, i tuoni rombavano con ira nemica. Ed ella, con la testa contro la porta, pensava a Paulu smarrito nella tristezza della sera tempestosa, percosso dall'ira cieca dell'uragano, e le pareva che anche la natura, oramai, si unisse alla sorte, agli uomini, per incrudelire contro il disgraziato. Fuori, dentro, nella casa, intorno alla casa, nella vastità dei campi e dello spazio, un esercito di forze nemiche si divertiva a perseguitare un essere solo, un uomo debole e infelice. Nessuno lo aiutava, nessuno lo difendeva: neppure la madre, che non si affannava per lui, che sorrideva perché i poveri sedevano alla sua mensa mentre il figlio suo, piú povero e misero dell'ultimo dei mendicanti, errava di paese in paese, in cerca di fortuna e d'aiuto.

« Nessuno, nessuno » gemeva Annesa, sfregando la fronte contro la porta, come la pecora verminosa contro il tronco della quercia. « Nessuno, nessuno! Soltanto la serva pensa a te, Paulu Decherchi, disgraziato fanciullo. Ma che può una serva contro la padrona di tutte le creature umane, contro la sorte? »

« Annesa, demonia! » gridò ziu Zua, che da un quarto d'ora chiamava invano. « Annesa maledetta, accendi il lume. »

Ella entrò nella camera, ma non accese il lume. Un crepuscolo torbido penetrava dalla finestra, descrivendo un cerchio di luce grigiastra che arrivava appena ai piedi del lettuccio di ziu Zua: ma di tanto in tanto il bagliore dei lampi illuminava la camera, e allora pareva che la figura del vecchio balzasse dall'ombra, e poi ripiombasse di nuovo in un luogo di tenebre e di mistero.

Annesa lo guardò a lungo con occhi allucinati: le pareva che egli fosse già morto ma urlasse e imprecasse ancora. E da quel momento fu assalita da una specie di ossessione: avvicinarsi al vecchio e strangolarlo, farlo tacere finalmente, ripiombarlo per sempre nell'abisso d'ombra dal quale egli usciva ogni tanto urlando.

Ferma sull'uscio di cucina stese alquanto le braccia, contraendo le dita: un gemito le uscí dalla bocca chiusa. Allora il vecchio credette che ella avesse paura del temporale e abbassò la voce.

« Annesa » supplicò, « ma accendilo questo lume! Vedi che anche tu hai paura. Vedi come mi hanno lasciato solo. Chissà dove saranno! Anche Rosa è fuori: si bagneranno tutti. »

Ella ritornò in cucina e accese il lume: ricordò che Paulu aveva preso con sé il cappotto, e il pensiero che egli potesse coprirsi la confortò. Allora sospirò, con un senso di sollievo simile a quello che provano i bambini nel sentire che l'eroe della fiaba, sorpreso dall'uragano, ha trovato una casetta nel bosco. E rientrò col lume nella camera del vecchio.

Il temporale infuriò fino a sera inoltrata; poi d'un tratto il cielo si rasserenò; le ultime nuvole, come squarciate dall'ultimo tuono, s'aprirono, si lacerarono, scesero giú dietro la montagna. La luna grande e triste apparve sopra il bosco nel silenzio improvviso e nella melanconia della notte umida.

Donna Rachele, la bimba, i vecchi nonni, che erano rimasti in chiesa finché non aveva cominciato a spiovere, rientrarono, andarono a letto subito dopo cena.

Annesa rimase sola in cucina, dove aveva acceso il

fuoco perché l'acqua inondava ancora la tettoia. Le pareva fosse d'inverno. Il chiarore del fuoco illuminava le pareti brune, tremolava sul pavimento umido, macchiato dall'impronta delle scarpe infangate di don Simone e di zio Cosimu. Ella sentiva brividi di freddo e sbadigliava nervosamente.

Dopo aver rimesso in ordine la cucina, rientrò nella camera e accese il lumino da notte che mise per terra, nell'angolo dietro l'uscio. Ed ecco che di nuovo la figura di zio Zua, assopito ma piú anelante e agitato del solito, parve sprofondarsi nella penombra. In punta di piedi Annesa si avvicinò parecchie volte al letto, preparò la coperta sul canapè, ma non si coricò. Le pareva che avesse ancora *qualche cosa da fare*. Che cosa? Che cosa? Non sapeva, non ricordava.

Ritornò a sedersi accanto al focolare, si piegò verso la fiamma e rilesse il biglietto di Paulu: poi lo bruciò. E per lungo tempo rimase immobile, coi gomiti sulle ginocchia e il viso fra le mani, fissando gli occhi sulle brace fra le quali il foglietto, nero e attortigliato come una foglia secca, si trasformava lentamente in cenere.

Qualche cosa entro di lei si consumava cosí. La coscienza e la ragione l'abbandonavano: un velo scendeva intorno a lei, la separava dalla realtà, la circondava d'ombra e di terrore. Ella non ricordò mai quanto tempo stette cosí, piegata su sé stessa, in uno stato di incoscienza. Sognava e lottava per svegliarsi, ma l'incubo era piú forte di lei. Ci fu un momento in cui ella si alzò e s'avvicinò all'uscio della camera: il vecchio dormiva; intorno alla tavola sedevano ancora i sei poveri, e non mangiavano, non parlavano ma la fissavano con occhi melanconici. Specialmente Niculinu, il cieco, la guardava fisso, coi suoi grandi occhi biancastri dalle grosse palpebre livide.

Ella tornò al suo posto e chiuse gli occhi: ma non cessò di vedere gli occhi lattiginosi e le palpebre gonfie del cieco. Piú infelice di lui che diceva di ricordare la luce e i colori come un sogno lontano della sua infanzia, ella non ricordava nulla dei suoi primi anni: non una voce saliva per lei dalla profondità oscura della sua origine, non una figura si disegnava nel suo passato.

"Io non ho padre, né madre, né parenti," pensava nel suo delirio. "I miei benefattori sono stati i miei nemici. Nessuno piangerà per me. Io non ho che *lui,* come lui non ha che me. Siamo due ciechi che ci sosteniamo a vicenda: ma egli è piú forte di me, e se io cadrò egli non cadrà "

E le sembrava che realmente ella e Paulu fossero ciechi, ella aveva gli occhi bianchi e le palpebre pesanti come quelle di Niculinu; e davanti a sé non vedeva che una muraglia rossa e infocata il cui riverbero la bruciava tutta. Rumori misteriosi le risonavano dentro le orecchie; credeva di sentire ancora la pioggia scrosciare contro la porta, e il tuono riempire la notte d'un fracasso spaventevole: l'uragano assediava la casa, la prendeva d'assalto, come una torma di grassatori, e voleva devastarla.

Poi una figura uscí dalla camera del vecchio, strisciò lungo la parete, sedette accanto al focolare. Ella non poteva volgersi, ma sentiva il fantasma al suo fianco: sul principio le parve il cieco, poi d'un tratto si sentí sfiorare la mano da una mano dura e calda che le sembrò quella di Gantine. La mano salí fino al viso di lei, glielo carezzò; le prese il mento, le strinse la gola... Davanti a lei balzò una figura gialla, con due occhi ardenti e una lunga barba grigia fra i cui peli umidi s'apriva una bocca nera e contorta. Era zio Zua. Egli la strangolava.

Ella si svegliò, piena di terrore, e rimase lungo tempo immobile, vinta da uno spavento indicibile. Finalmente poté alzarsi e andò ancora a spiare dietro l'uscio. Le figure dei sei poveri erano sparite: il vecchio dormiva, con le spalle e la testa abbandonate sui guanciali, e le mani sul lenzuolo. Il suo affanno s'era calmato: egli stava cosí immobile e quieto che pareva morto. Sola cosa viva, in quella camera sepolcrale, era la fiammella nel lumino che pareva si fosse nascosta da sé dietro l'uscio.

Annesa entrò, s'avvicinò al letto, guardò il vecchio. Un momento, un po' di forza, un po' di coraggio e tutto era finito.

Ma la forza e il coraggio le mancarono: provò un senso di gelo, un tremito convulso, e le sue dita si contrassero. No, non poteva, non poteva.

Ritornò in cucina, aprí la porta e uscí nel cortile. Allora si accorse con meraviglia che l'uragano era cessato: la luna saliva limpida sul cielo azzurro chiaro come un cristallo; i vetri delle finestre, il lastrico del cortile, le tegole della tettoia avevano un riflesso d'argento. E nel silenzio profondo non si sentiva piú neppure il canto dei grilli, né quello dell'usignuolo che ogni notte veniva nel bosco in fondo all'orto.

La furia dell'uragano aveva spento anche la loro voce. E pareva che gli abitanti del villaggio, nero ed umido sotto la luna, fossero tutti scomparsi come i loro leggendari vicini del paese distrutto. Ma questo silenzio, questa morte di tutte le cose, invece di calmare Annesa la eccitarono ancora. Nessuno poteva spiarla, nessuno poteva vedere ciò che ella faceva. Il mondo esterno coi suoi ammonimenti e i suoi pericoli non esisteva piú per lei: e nel suo mondo interno, tutto era di nuovo tenebre. L'ossessione la riprese, la ripiombò in uno stato di semi-incoscienza febbrile; ella però lottò ancora contro il cieco impulso che la guidava. Rientrò nella camera, uscí di nuovo nel cortile: andava e veniva come una spola, tessendo una trama spaventevole.

A lungo l'istinto della conservazione fu piú forte della sua manía, infine parve salvarla. Chiuse la porta, spense la candela, sedette sull'orlo del canapè e si piegò per levarsi le scarpe. Ma il vecchio sospirò e s'agitò, ed ella rimase un istante curva, ascoltando; poi si sollevò lentamente. Era meglio non spogliarsi, gli accessi d'asma, che da qualche notte tormentavano il vecchio, potevano da un momento all'altro ricominciare. Poiché bisognava alzarsi per curarlo, era meglio coricarsi vestita.

Ella si corica dunque, e si tira la coperta fin sul viso. Un brivido di freddo la scuote dai piedi alla testa, l'orribile verità le ritorna in cuore.

Ella si è coricata vestita, non per esser pronta ad aiutare il vecchio, ma per aiutare la morte, se l'accesso ritorna: un piccolo sforzo, una mano sulla bocca del malato, il calmante rovesciato sul tavolino, e tutto sarà finito.

Il suo cuore batteva convulso; ella cercava di respingere ancora la tentazione diabolica e tuttavia aspettava. E sentiva che la sua attesa era simile all'attesa del sicario dietro le macchie.

Rivedeva la figura del vecchio come le era apparsa la notte prima, durante l'accesso: egli sembrava agonizzante, stralunava gli occhi e apriva la bocca avida d'aria.

"Basta forse ch'io non lo aiuti a sollevarsi; basta che io non gli dia il calmante. Egli deve morire stanotte; altrimenti muore l'*altro*. Bisogna che Paulu domani sappia che il vecchio è morto. È tempo. È tempo."

Il suo desiderio era cosí forte che le pareva impossibile non dovesse avverarsi. Poiché il vecchio doveva morire, doveva morire subito. Fra venti, fra dieci, fra due giorni sarebbe stato troppo tardi: la notizia della sua morte doveva raggiungere Paulu al piú presto possibile. O l'uno o l'altro.

Le pareva che il destino della disgraziata famiglia stesse in mani sue: nel suo delirio arrivava a dirsi che avrebbe commesso un piú grave delitto di quello meditato, se non riusciva a impedire la morte di Paulu, la rovina ultima dei suoi benefattori. O l'uno o l'altro; o l'uno o gli altri.

Di tratto in tratto risonava nella straducola qualche passo di cavallo stanco; poi il silenzio regnava piú intenso.

L'ora passava. La stanchezza, la febbre, l'insonnia ricominciarono a far delirare Annesa; le figure dei sei poveri ripresero il loro posto intorno alla tavola: gli occhi bianchi e gravi del cieco fissavano il lettuccio del vecchio asmatico, la testa enorme di Rosa cominciò a oscillare sull'esile collo della bimba, dal quale pareva volesse staccarsi; donna Rachele s'avanzava con un vassoio in mano, e rideva, come da anni ed anni la febbricitante non l'aveva veduta piú ridere; e questa letizia insolita, da vecchia improvvisamente impazzita, esasperava Annesa. Nel suo sogno febbrile ella guardava il vecchio e pensava:

"Con tutta questa gente, anche se l'accesso ritorna, come posso fare io? Tutti mi guardano; anche Niculinu vede. Non se ne vanno dunque?"

Non se n'andavano perché infuriava ancora il temporale; i tuoni scuotevano tutta la casa, un filo d'acqua penetrava dal soffitto e cadeva sulle spalle di Annesa, dandole un raccapriccio nervoso; ed ella aspettava sempre, e nel sogno delirante la sua attesa diventava un'attesa misteriosa, piena di terrore e d'angoscia. Chi doveva arrivare? Che cosa doveva succedere? Ella lo ricordava benissimo: sapeva che doveva arrivare la Morte e che ella doveva aiutarla come la serva aiuta la padrona; ma oltre a questo ella aspettava altri fantasmi piú terribili ancora, e indovinava che altre cose piú orrende dovevano accadere. E un dolore che superava tutti i dolori sofferti, piú grave dell'umiliazione del suo stato, e della finzione con la quale ella s'era sempre mascherata, piú intenso della sua pietà per la famiglia che l'aveva beneficata, e della paura che Paulu morisse di mala morte, le lacerava l'anima sommersa nella tenebra del male. Era un dolore senza nome; l'angoscia del naufrago che scende nell'abisso molle e amaro del mare e ricorda i dolori della vita – belli e piacevoli in paragone al mostruoso dolore della morte.

Un altro passo di cavàllo nella straducola!

Ella si scosse dal suo assopimento, si levò la coperta dal viso e ascoltò. Signore, Signore, era mai possibile? Il passo risonava forte e tranquillo, s'avvicinava, sembrava il passo del cavallo di Paulu.

Ella si gettò dal canapè trascinandosi dietro la coperta, e s'avventò contro l'uscio come una pazza; ma il cavallo passò oltre. Il vecchio si svegliò di soprassalto; vide la coperta buttata per terra in mezzo alla camera, vide Annesa vestita e si spaventò:

« Annesa? » chiamò sottovoce; poi gridò: « Annesa? Anna, che c'è? »

Quel grido la richiamò alla realtà: ella ricordò subito ogni cosa, e sentí il bisogno di scusarsi col vecchio.

« Credevo fosse don Paulu » disse con voce rauca, assonnata, « nella speranza che tornasse non mi sono spogliata. Volete qualche cosa? »

S'avvicinò al lettuccio, e fu ripresa dalla tentazione, dall'ansia, dal terrore; ma le parve che il vecchio, nella penombra, indovinasse i pensieri di lei e vegliasse.

« Dammi un po' d'acqua. »

Ella prese il bicchiere che stava sopra una sedia, e glielo porse: la sua mano tremava.

« Sognavo. Mi pareva m'avessero portata via la medaglia: eccola qui » disse zio Zua con la sua voce tremula e ansante, cercando e traendo fuori dal petto la medaglia.

« Proprio! ora vi portano via anche quella porcheria » rispose Annesa con dispetto. « Proprio; ora vengono i grassatori per portarvela via. »

Il vecchio alzò la testa.

« Ohè, bada a quel che dici, ragazza! Se non portano via la mia medaglia, porteranno via gli stracci dei tuoi padroni. »

« Io non ho padroni! Dormite, dormite, che farete bene. Neppure la notte lasciate in pace la gente. »

« Non hai padroni? Ah, è vero, domani sarete tutti servi » riprese il vecchio, sempre piú irritato. « Servi, sí, servi! Anche il tuo bel *giramondo*, se vorrà vivere, andrà col badile e la zappa sulla spalla. »

Non era la prima, né la millesima volta che egli, d'altronde provocato, le rinfacciava la miseria dei "suoi padroni". Entrambi sapevano dove meglio colpirsi a vicenda e non esitavano a farlo.

Istintivamente ella si scostò dal letto, ripresa da un tremito convulso; raccattò la coperta, sedette sul canapè e sbadigliò. Il vecchio continuava a borbottare.

« Ah, non vi lascio in pace neppure la notte? Malanno che vi colga, anche quello mi rinfacciate? Chi ti cercava, vipera? Sei tu che mi hai svegliato, e faresti davvero meglio a spogliarti e andare a letto Il tuo *giramondo* non tornerà, sta pur sicura, non tornerà. È inutile che tu lo aspetti, sai, bella; egli a quest'ora non pensa a te. »

Ella cessò di sbadigliare e di tremare.

« Cosa? Cosa? Cosa dite? »

« Nulla. Dicevo che la medaglia possono portarmela via, anche la medaglia, ma gli occhi no, ma le orecchie no. »

« Continuate! » ella disse, minacciosa.

« Niente, ho finito. Va a letto, ti dico, e non prendertela con me se il *giramondo* non torna. Ti ho detto che non pensa a te, stanotte. »

Era troppo. Un velo coprí gli occhi di Annesa; incosciente ella si alzò, trascinandosi dietro la coperta che di nuovo abbandonò in mezzo alla camera; si precipitò contro il vecchio, gli si gettò addosso, gli mise le mani intorno al collo. Una specie di rantolo le usciva dalla bocca spalancata; tutto era tenebre e fragore intorno a lei, ma il vecchio ebbe la forza di strapparsi dal collo le mani che volevano soffocarlo, e cominciò a gridare:

« Aiuto! Aiuto! »

Ella non tentò di fargli oltre del male, ma gli disse a voce alta:

« Se non state zitto vi strangolo davvero. Provate un po' a gridare ancora, provate un po'! »

Egli ebbe paura e non osò piú gridare, ma si portò le mani al collo, con un istintivo moto di difesa, e chinò la testa, curvò le spalle, e tremò tutto, vinto da un terrore infantile. La sua barba sfiorava la coperta, sotto la quale le sue vecchie membra si agitavano tutte.

La disgraziata non vedeva piú nulla; solo capiva che il vecchio aveva paura di lei; ed anche lei, adesso, aveva paura di lui.

"Domani egli mi denunzierà" pensava, fissandolo con gli occhi non piú umani. "Sono perduta. Mi denunzierà, e si farà portar via di qui, e tutto sarà finito. Ch'io sia perduta non importa" pensò poi, con disperazione, "ma gli altri no, gli altri no."

E un martello inesorabile picchiava e picchiava alle sue tempia, come ad una porta che bisognava sfondare.

"O lui o gli altri. O lui o gli altri."

Ma ella non poteva: non poteva. Le sue mani si rifiutavano all'opera orrenda. Tentò di placare il vecchio; gli si piegò sopra, gli parlò con frasi sconnesse; ma la sua voce era rauca, minacciosa, e pareva venir di lontano, da un mondo tenebroso popolato di esseri mostruosi, di demoni, di bestie parlanti.

Forse il vecchio, ripiegato su se stesso, come curvo sul confine della vita e già partecipe ai misteri dell'eternità, sentiva che quella voce non era piú una voce umana: forse non la sentiva neppure, e non dava ascolto che alla voce del suo terrore. Per quanto Annesa parlasse, egli non si moveva, con le mani sempre intorno al collo e il viso sul lenzuolo.

Ella si stancò: si sollevò a andò a raccattare nuovamente la coperta. Un urlo risonò per la camera.

« Aiuto! Aiuto! »

Allora ella perdette l'ultimo barlume di ragione. D'un balzo gli fu sopra; gli gettò la coperta sul capo, lo premette con tutto il peso della sua persona.

Un gemito sordo, un agitarsi disperato di membra sotto la coperta: poi, lentamente, il gemito s'affievolí, parve venire da una lontananza buia, dalla profondità d'un abisso; e sotto il suo petto convulso, fra le sue braccia contratte, Annesa non sentí che qualche sussulto, un lieve movimento, piú nulla.

Quanto tempo era passato? A lei parve fossero trascorsi appena due o tre minuti, e si meravigliò della poca resistenza della vittima. Nel dubbio che il vecchio fingesse ancora, gli premette il viso con le mani, gli spinse la testa contro il cuscino.

Altri minuti passarono. Ella riacquistava gradatamente un po' di coscienza: si accorgeva di quello che faceva, e aveva paura di venir sorpresa. Qualcuno poteva aver sentito i gridi della vittima: da un momento all'altro zio Cosimu o don Simone o donna Rachele potevano apparire sull'uscio e domandarle che cosa accadeva.

Ella ascoltava e ogni tanto volgeva il viso spaurito, guardando verso l'uscio. Ma il silenzio della morte regnava oramai nella camera: gli oggetti restavano immobili nella penombra, e solo il lumicino continuava ad ardere ed a spiare, quieto nel suo angolo, come un testimone che vuol vedere senza esser veduto. D'un tratto ella provò un terrore misterioso; le parve che le cose intorno, mascherate di penombra, avessero paura di lei; ed era invece lei che aveva paura di loro: se un mobile avesse in quel momento scricchiolato ella sarebbe fuggita, urlando.

Finalmente si mosse: stette alcuni momenti in piedi, davanti alla vittima, senza osare di scoprirla; poi sentí un rumore che le sembrò venisse dalle stanze superiori, e corse e chiuse a chiave l'uscio. Ma subito lo riaprí e uscí nell'andito.

Che fare? Per un momento pensò che doveva gridare, chiedere aiuto, dire che il vecchio moriva. Salí il primo rampante della scala, fino all'uscio di donna Rachele, ma mentre stava per picchiare, ricordò di aver lasciato la coperta sopra la vittima, e di nuovo le ritornò in mente il dubbio che il vecchio non fosse morto.

Ridiscese, ma non poté levare subito la coperta; ella aveva paura di vedere il viso della vittima. Qualche cosa però bisognava fare; chiamare, fingere, dire che il vecchio era morto in seguito ad un accesso.

« Dio mio, Dio mio » mormorò, lisciandosi due volte i capelli con ambe le mani.

E andò a sedersi sul canapè. Il cuore non le batteva piú. Ma si sentiva stanca, cosí che le pareva di non poter piú alzarsi e camminare; e avrebbe voluto coricarsi e dormire, poiché tutto era finito, e oramai non le restava che dormire, dormire profondamente.

"Dirò che è morto mentre dormivo. Perché devo svegliarli? C'è tempo... c'è tempo..."

Piegò la testa, chiuse gli occhi: e subito *vide* il viso del vecchio girare vertiginosamente intorno a lei. Ma subito un passo risonò nel silenzio della notte chiara, sui ciottoli umidi della straducola. Ella provò un nuovo terrore, poiché le parve di riconoscere il passo di Paulu.

Il passo s'avvicinava. Ella balzò in piedi, prese il lume, si curvò sulla lampadina per riaccenderlo e stette ad ascoltare, con crescente terrore. Paulu non poteva essere: in tutti i modi egli sarebbe ritornato a cavallo. Eppure quel passo un po' indolente sembrava il suo.

La fiammella della lampadina s'allungò, s'indugiò intorto al lucignolo del lume, parve comunicargli un segreto, poi si rimpicciolí, si fece ancor piú quieta e timida. E la nuova luce si sparse, giallognola e triste, cercò ogni angolo della camera lugubre, illuminò il mucchio immobile che sorgeva sul letto. Anche la mente di Annesa parve rischiararsi: ella capí ciò che aveva fatto, ed ebbe paura di sé stessa.

"Ho ucciso un uomo, io, Annesa, ho ucciso: Dio mio, che ho fatto?"

A misura che il passo s'avvicinava, ella sentiva crescere la sua paura: paura che il vecchio, non ancora morto, dovesse muoversi ed emergere dalla coperta giallastra come da un mucchio di terra; paura del passo che s'avvicinava, paura di muoversi, paura di star lí ferma, vicino alla fiammella della lampadina che pareva la guardasse come un occhio vivo.

Ed ecco, il passo cessò; qualcuno batté alla porta. Neppure per un istante ella dubitò. Chi picchiava era Paulu.

VI

Ella uscí nell'andito, ma non aprí subito.

« Annesa, apri, sono io » disse Paulu, battendo di nuovo alla porta.

Ella chiuse l'uscio, ma poi per timore che Paulu volesse attraversare la camera per andare in cucina, rientrò, s'avvicinò al letto, sollevò la coperta.

Il vecchio con la testa abbandonata sui cuscini, stringeva i pugni, e teneva gli occhi aperti, la bocca spalancata: il suo viso era rosso, d'un rossore lividognolo, e pareva ridesse sguaiatamente. Ella non dimenticò mai quel viso colorito, quella bocca aperta che lasciava scorgere quattro denti corrosi, quegli occhi che riflettevano la fiammella del lume che ella teneva in mano, e parevano vivi, beffardi, ridenti.

Paulu picchiò ancora.

Ella distese la coperta sul letto, coprí il vecchio fino

al collo, poi uscí e dopo aver deposto il lume sulla scala aprí.

« Annesa, che fai? » domandò Paulu.

« Mi vestivo. Come, sei tu, Paulu? E il cavallo? »

Egli entrò, avvolto nel lungo cappotto bagnato, con una piccola bisaccia in mano: era pallido, ma sorrideva, e i suoi occhi scintillavano. E Annesa, dopo averlo sognato agonizzante, sentí un'angoscia mortale nel vederlo cosí insolitamente sereno.

Egli disse scherzando:

« Il cavallo l'ho venduto. » Poi aggiunse, serio: « Non mi hai sentito passare, poco fa? Ho pensato che il temporale avesse inondato la tettoia: ho lasciato il cavallo da zio Castigu, perché domani lo conduca al pascolo. »

Non era la prima volta che questo avveniva, ma ella se ne meravigliò come d'un fatto straordinario. Paulu si tolse il cappotto: ella si affrettò a levarglielo di mano e ricordò la sua preoccupazione durante il temporale.

« Il cuore mi diceva che eri in viaggio » disse sottovoce, poiché le sembrava che il vecchio sentisse ancora. « Ma non ti aspettavamo. Ho ricevuto il biglietto. Che spavento! Ho avuto la febbre. »

« Lo vedo che tremi » mormorò Paulu. « Sai, invece ho trovato i denari. Aspettami un momento. Vado su e scendo subito. »

Ella fece un rapido movimento verso di lui, lo guardò con gli occhi spalancati: egli l'abbracciò, la strinse a sé, la baciò sulle labbra.

« Sí, ho trovato; ho trovato. Aspettami. »

La lasciò, prese il lume e salí alle stanze superiori. Ella non sentí la stretta, non sentí il bacio, non capí che due sole cose, orribili, orribili. Egli aveva trovato i denari, egli era passato prima che ella commettesse il delitto e non aveva picchiato alla porta. Sedette sul gradino della scala al buio, col cappotto grave e umido sulle ginocchia, e le parve che un peso enorme la schiacciasse. Egli era passato e non l'aveva avvertita: egli era salvo ed ella era perduta.

Ma la stessa disperazione le diede un impeto di forza: si ribellò al dolore, al rimorso, alla paura, a tutte le cose terribili che l'avvolgevano e la soffocavano come la coperta aveva soffocato il vecchio. S'alzò, lasciò cadere il cappotto, attraversò l'andito e aprí la porta che dava sull'orto. Vide lo sfondo lunare del cielo argenteo sopra il bosco nero, e respirò.

"Ho fatto tutto per lui" pensò, intrecciando con moto convulso le mani. "Ero cieca, non vedevo, non sentivo. Ed egli è passato e non mi ha avvertito! Egli mi ha scritto che voleva morire e invece sperava ancora. Mi ha ingannato... mi ha ingannato..."

Paulu la sorprese sul limitare della porta spalancata, e pensò che ella avesse aperto per uscire con lui nell'orto, come di solito facevano. La prese quindi per la vita e la trascinò con sé. Il terreno era umido, la notte fresca: l'acqua del fossatello in fondo all'orto, ingrossata dall'acquazzone, brillava alla luna; dal bosco veniva un odore di erba e di terra bagnata: Annesa non si accorgeva di nulla, ma Paulu, nonostante la stanchezza del viaggio, provava una eccitazione febbrile, sentiva la dolcezza della notte, voleva partecipare la sua gioia all'amante. Gli pareva giusto, dovendo farsi perdonare da lei qualche torto. Non s'avanzarono fino al bosco troppo umido, quella notte: rasentarono la casa, e si fermarono vicino alla porticina del cortile.

« Ti sarai spaventata » egli disse, tenendola sempre stretta a sé. « Mi sono tanto pentito di quel biglietto: ero disperato. Ti racconterò tutto, adesso: ti sei spaventata, vero? »

Annesa non rispose: pareva indispettita.

« Ebbene, perdonami. Sta allegra; senti che cosa mi è capitato. »

« Sarà meglio che chiuda la porta di casa e faccia

il giro per aprire qui: staremo meglio nel cortile. È tardi, è tanto tardi » ella mormorò cercando di liberarsi dalla stretta di lui.

« Aspetta un po', Annesa. Non mi hai dato ancora un bacio. »

Egli la baciò con piú ardore del solito: pareva che avesse corso qualche pericolo, che avesse temuto di non rivederla piú, e rivedendola sentisse di amarla piú di quanto credeva.

Ella scottava, tremava, ma non per i baci di lui: vedeva sempre davanti a sé il viso colorito e il sorriso macabro del vecchio, e temeva e sperava ch'egli potesse tornare in vita.

"Chiamando il medico, forse..." pensava.

« Annesa, che hai? La febbre? » proseguí Paulu. « Adesso andrai a letto, aspetta; solo volevo dirti che cosa mi è capitato, dopo che ho scritto il biglietto. Son ritornato nel paese di don Peu; egli mi aveva fatto conoscere la vedova di un brigadiere, una certa Zana che presta danari a interesse. La prima volta ella mi aveva detto di no: spinto dalla disperazione torno da questa vedova, e le dico... »

Egli mentiva e sentiva di mentire male, ma Annesa non se ne accorgeva. La storia da lui raccontata la interessava fino ad un certo punto: oramai ben altre cose le passavano per la mente. Eppure provava un certo dispetto contro la vedova che, al dire di Paulu, s'era lasciata commuovere e gli aveva prestato lí per lí seicento scudi all'interesse del dieci per cento.

« È giovane, o vecchia? » domandò.

« Chi lo sa? Sembra giovane, ma a guardarla bene... Infine » si corresse subito Paulu, « questo non importa, ciò che importa è che ha dato i denari. »

« Lasciami: vado e chiudo » supplicò Annesa, spaventata. « Mi è parso di sentire un rumore. Donna Rachele può essersi svegliata. Hai fatto tanto chiasso. »

« Dormivano tutti, sta tranquilla. »

« Lasciami andare, Paulu. Ho paura. Se ci trovano nel cortile poco male: fingiamo di prendere legna per accendere il fuoco e asciugare il tuo cappotto. Ma qui... è tardi. »

Egli la lasciò: ella corse, leggera e silenziosa, rientrò, chiuse. Paulu aveva lasciato il lume nell'andito: ella lo prese, entrò nella camera, in punta di piedi, e s'avvicinò al lettuccio, attratta da una misteriosa suggestione.

Il vecchio era sempre là, immobile e livido sotto la coperta. E rideva ancora, col suo riso spaventoso, con la testa abbandonata sul cuscino, e i quattro denti neri nel lividore della bocca aperta. Ella lo guardava e non le pareva possibile che egli fosse morto: e avrebbe voluto scuoterlo, chiamarlo, ma aveva paura. Sempre in punta di piedi tornò in cucina, riaprí le porte, si ritrovò con Paulu, che le domandò sottovoce:

« Non s'è svegliato? »

« No, no » ella rispose, « dorme: non s'è neppure svegliato quando hai suonato. Ha avuto un accesso d'asma, poi s'è addormentato; pare morto. Ho paura. »

« Lo fosse almeno! » egli disse con indifferenza. « Del resto non abbiamo piú bisogno di lui. Cioè, se morisse mi farebbe piacere, cosí non starei in debito verso una donna come la vedova del brigadiere. »

Ella avrebbe voluto insistere, pregarlo di andare in cerca del medico; ma aveva paura si scoprisse la terribile verità: anche Paulu cambiò subito discorso; entrambi avevano qualche cosa da nascondersi, e preoccupati di questo non si accorgevano della menzogna reciproca. Ella però capiva che doveva mostrarsi piú allegra, e finger meglio.

« Sono contenta che tu abbia trovato » disse con voce tremante. « Adesso non ripartirai presto, spero. Il tuo biglietto mi ha tanto spaventato, sai: credevo che tu volessi morire. »

« Non parliamone piú. Sono qui, e spero infatti di non ripartire presto. Ho pensato sempre a te, Annesa. Ho pensato: ora potremo respirare alquanto; io potrò lavorare, potrò... Sí, voglio fare qualche cosa: è tempo di pensare ai casi miei. Don Peu mi ha proposto un affare: egli possiede una miniera, sui monti di Lula, e vuole esplorarla: gli ho chiesto, scherzando, se voleva prendermi con sé, come sorvegliante e cantiniere dei lavoratori, gli dissi che desideravo allontanarmi per un po' di tempo da questo paese, dove tutto mi riesce odioso. Egli accettò. »

« Tu, cantiniere, tu? » disse Annesa con dolore.

« Io, sí; che male c'è? Non è vergogna lavorare, Annesa. E poi, non sarebbe neppure lavoro, il mio. Con mille lire metterei su la cantina, cioè una specie di trattoria dove i minatori si provvedono del pranzo e di quanto loro occorre. Guadagnerei il mille per cento. Sí, sí, è conveniente, ci ho pensato bene. Sono contento piú per questo che per aver trovato i denari. Chi sa, Annesa, forse la sorte si è stancata di perseguitarci. Non dir nulla, però, neppure alla mamma. Prima ho bisogno di aggiustare i nostri affari. Ah, son davvero contento » ripeté esaltandosi, « son contento anche per quel diavolo maledetto di vecchio. Gli farò vedere che non abbiamo bisogno di lui: e se continua a tormentarci lo farò cacciar via di casa. No, non abbiamo piú bisogno di lui. Ma tu tremi, Anna, perché non prendi qualche cosa? Hai provato a bere un po' di caffè? Senti, anch'io voglio qualche cosa; sento un po' di freddo. »

« Vuoi mangiare? C'è qualche cosa: oggi avevamo il pranzo dei poveri. »

« Mangiare, no: bere. Vado in cantina, poi torno. Vorrei parlare anche con mia madre, per dirle che ho trovato i denari. Ma aspetterò a domani. »

« Tu vuoi passare nella camera? » ella chiese, spaventata.

« Ebbene, se si sveglia che c'importa? Non posso

fare quel che voglio, in casa mia? Non ho piú paura di lui. »

« No, aspetta, ti porterò da bere qui: non passare, non svegliare donna Rachele: è tanto stanca, ha tanto lavorato. »

E poiché ella voleva di nuovo allontanarsi, Paulu la trattenne.

« Aspetta un momento. Avevo da dirti una cosa; ora non ricordo piú. Lascia stare: non voglio bere. Non voglio bere piú, sai: anche ieri sera ho bevuto, anche oggi... un pochino. »

« E anche domani » mormorò Annesa, che sapeva quanto valevano le promesse di Paulu, non esclusa quella di cercarsi un impiego e di mettersi a lavorare.

« Ah, tu non credi! » egli protestò, « ma vedrai, vedrai: da domani io voglio essere un altro. »

"Domani" ella pensò, "che accadrà domani?"

Paulu la sentí rabbrividire e la pregò di andarsene a letto: ma ella insisteva.

« Ti porto da bere: vado e torno. Aspetta, anch'io devo dirti una cosa. »

« Dimmela. Ti ripeto che non voglio piú bere! Ah, tu non credi che io non possa tenere una promessa? Non sono piú un fanciullo: in questi ultimi giorni ho pensato ai casi miei, e ho deciso di finirla con tutte le sciocchezze. »

« Anche con me! »

« Sí, anche con te » egli disse con voce grave. « Senti, Annesa, desideravo parlar prima con mia madre, per domandarle consiglio, ma poiché sento che ella non potrà che consigliarmi di fare il mio dovere... ti dirò... Ebbene, sí, tu devi averlo capito. »

« Io non capisco » ella mormorò, sollevando gli occhi che aveva tenuto sempre chini quasi il sonno la vincesse.

« Tu non capisci? Io voglio sposarti, Annesa. Ti

porterò via con me, andremo nelle miniere: nessuno si metterà piú fra noi. »

Egli non disse, forse perché non lo confessava neppure a sé stesso, che un po' di calcolo entrava in questa sua decisione. Aveva bisogno di compagnia, per resistere alla solitudine e alla desolazione del soggiorno su le aride montagne di Lula, e aveva bisogno d'una donna per aiutarlo nella meschina bisogna di cantiniere. Del resto, per dire il vero, l'idea di sposare o semplicemente condurre con sé Annesa lo incoraggiava nel proposito di recarsi nelle miniere.

Ad ogni modo egli si aspettava, per parte di lei, una viva manifestazione di gioia; ella invece pareva non capire, o piuttosto non credere alle parole di lui; e per la seconda volta provò una impressione strana, di soffocamento, di vertigine; le sembrò di sentire in lontananza una risata misteriosa, triste e beffarda.

« Perché ridi? » domandò Paulu, sorpreso. « Che c'è da ridere? Tu non credi piú a quello che ti dico: non parlo piú, dunque, ma ti ripeto, vedrai se son bugiardo o no. Parleremo meglio domani: ora vado anch'io a letto; sono stanco e qui fa freddo, e tu hai la febbre. Parleremo domani. »

Fece un passo, poi si fermò ancora e disse, con un po' d'ironia:

« O non ti piacerebbe venire con me, nella miniera? »

Ella non rispose, ma gli si avvinghiò al collo e scoppiò a piangere: e tutto quanto v'è di piú amaro nel pianto umano, la disperazione, il rimorso, l'odio contro il destino che si diverte mostruosamente a tormentarci, vibrò nel pianto di lei.

Paulu era abituato a veder piangere la sua poco allegra amica: qualche volta si commoveva anche lui, qualche volta s'irritava: ora non potendo spiegarsi in altro modo l'eccitazione di lei, l'attribuí alla gioia, alla speranza, alla passione che ella doveva provare in quel momento. Ma quando era allegro, egli amava la gente allegra.

« Annesa » disse « finiscila : lo sai, non mi piace vederti piangere. Abbiamo pianto abbastanza; è tempo di finirla. Su, dimmi qualche cosa, prima di lasciarci, poiché veramente non hai aperto bocca che per pronunziare cattive parole. Quando vuoi, però, sai parlare bene : dimmi una buona parola, e poi andiamocene a dormire. Oggi è stata una giornata ben lunga e faticosa; adesso tutto è finito, però. Perché continui, ragazza? Credi pure, oramai tutto è finito; arriva un momento di riposo per tutti. »

Ella piangeva col viso nascosto sul petto di lui. Avrebbe voluto morire cosí, sciogliersi in lagrime, addormentarsi per sempre. Una stanchezza mortale le pesava sulle spalle, le piegava la testa: ogni parola di Paulu la colpiva, le riusciva dolce e tormentosa nello stesso tempo.

Egli cercò di staccarsi da lei, ma non gli riuscí: ella aveva una terribile paura che egli, passando per la camera, si accorgesse del delitto : e temeva anche di star sola, sebbene il sonno la vincesse. Come i febbricitanti, e le persone circondate di gravi pericoli, non voleva addormentarsi: già mille fantasmi le apparivano in lontananza; tutto diventava sempre piú torbido e pauroso intorno a lei.

Paulu, che era stanco e voleva ritirarsi, la trascinò con sé fino alla porta di cucina; ma quando vide la candela, posata per terra vicino al focolare, ella ricominciò a tremare, a battere i denti, e si strinse maggiormente a lui.

« Non soffocarmi » egli le disse all'orecchio, scherzando.

Ella lo lasciò subito e s'irrigidí, ma perché egli non se ne andasse, cominciò a parlare; pareva vaneggiasse.

« Aspetta: ho da diri una cosa. Non occorre aspettare a domani per parlare. Verrò nella miniera. Sicuro, se vuoi posso venire da domani, da stanotte. Verrò. Come puoi aver pensato il contrario? Vuol dire che non mi conosci; se no sapresti che con te io verrei nell'esilio, lontano, in altre terre, nelle altre parti del mondo. Se tu commettessi un delitto, verrei con te nell'ergastolo, porterei le catene, non ti lascerei mai, metterei la mia mano fra la tua carne e le catene. »

« Speriamo non occorra » egli osservò, poco turbato.

« Senti, Paulu. Dovevo dirti una cosa, aspetta... » ella proseguí, passandosi una mano sul viso. « Ah, ecco, non voglio che tu parli con tua madre, riguardo al nostro matrimonio: non parlarne con nessuno. »

« Hai paura di Gantine? »

Ella non ci pensava neppure, e accennò semplicemente di no.

« Le dirai soltanto che vuoi andare nelle miniere, che mi porterai con te come serva, perché solo non potresti vivere, lassú. Mi lasceranno venire, sí: dopo, se occorrerà, ci sposeremo. Io non lo pretendo, lo sai, basta che tu non mi abbandoni! Se Dio esiste, ci perdonerà: i preti assolvono tutto, non è vero? Che ne dici? Prete Virdis mi assolverà, lo so, mi assolverà. »

« Mia madre acconsentirà meglio a lasciarci sposare, che a partire assieme, soli, per un luogo lontano. »

« Mi dispiace, ma io verrò egualmente, anche se lei non vorrà: io bacio le mani dei miei benefattori, ma vengo con te, Paulu. Fuggirò, se tu vai via » ella continuò, prendendogli un braccio e stringendolo forte. « Tu non mi lascerai qui, vero? Bada che ora hai promesso! Non voglio che tu mi sposi, ma voglio che mi porti via con te. Hai promesso, sai, Paulu, hai promesso. Ah, ah... Paulu... »

« Annesa, che hai? » egli disse, inquieto. « Ho promesso e manterrò. Va a letto. Prenditi qualche cosa, non vedi che hai la febbre? Vai. Se sapevo, non ti dicevo niente, stasera. »

Ma ella non badava alle parole di lui: il suo pensiero vagava lontano.

« È lontana, la miniera? »

« No: bisogna passare per Nuoro, poi si arriva lassú dopo cinque o sei ore di viaggio a cavallo. Ma va a dormire, cristiana; parleremo di questo domani. Passerò in punta di piedi nella camera: l'istrice non si sveglierà. Tu chiudi e va subito a letto: su, Annesa, non farmi adirare. »

La baciò ancora, ma sulle labbra di lei non sentí che il sapore salato delle lagrime: poi attraversò la cucina senza far rumore, ed ella provò quasi un impeto di gioia nell'accorgersi che egli non prendeva il lume.

Con gli occhi spalancati, il respiro sospeso, ella ascoltò; e quando i passi furtivi di lui cessarono, le parve di essere sola nel mondo, abbandonata da tutti, sul limitare di una porta che s'apriva su un luogo di terrore e di morte.

Dopo un momento di esitazione entrò e chiuse. Ma non ebbe piú il coraggio di entrare nella camera, per quanto una suggestione malefica l'attirasse là dentro. Sedette accanto al focolare, al posto dove s'era indugiata qualche ora prima, e frugò la cenere con un fuscello. Il fuoco s'era spento completamente. Ella sentiva freddo, ma non osò o non ebbe piú la forza di muoversi.

Rimise i gomiti sulle ginocchia, il viso fra le mani, e le parve che la testa le girasse vertiginosamente intorno al collo: e quest'impressione le riusciva quasi piacevole. Le pareva di non essersi mossa da quel posto in tutta la notte: tutto era stato un sogno, orribile da prima, triste e dolce poi. Il vecchio dormiva ancora, Paulu viaggiava, avvolto nel suo cappotto bagnato.

Le visioni della febbre tornavano a circondarla; fantasmi apparivano e sparivano fra la nebbia; a momenti ella li riconosceva: zio Castigu, prete Virdis, Rosa, Gantine: ma poi, nel mistero della nebbia, avvenivano strane metamorfosi, zio Castigu le sorrideva con la bocca infantile del suo giovane fidanzato; sulla sottana di prete Virdis si disegnava il viso triste di Rosa; e la figura incappucciata, che viaggiava su un cavallo fantastico, in lontananza, nera sullo sfondo della notte vaporosa, non era Paulu, no, era un essere misterioso, un vecchio mendicante che andava verso le miniere di Lula, in cerca di una bambina smarrita. Annesa smaniava e gemeva: nel sonno sentiva i suoi gemiti e sapeva di·sognare, ma per quanti sforzi facesse non riusciva a svegliarsi; cosí dormí qualche ora tormentata da sogni febbrili.

Quando si svegliò, intirizzita, ricordò ogni cosa, e con improvvisa lucidità di mente pensò a quanto le restava da fare. La febbre era cessata ed ella non sentiva piú né terrore, né paura, né indecisione. Ritornava ad essere una creatura di finzione e di silenzio, in lotta con la sorte maligna. Perché tremare, perché smarrirsi? Ella non aveva nulla da perdere, purché non accadesse male ai suoi benefattori. Non sperava nulla per sé, in questo mondo: non credeva nell'altro.

Si alzò, sbadigliò, rabbrividí di freddo. La notte era alta ancora, ma si udivano i galli cantare, e qualche roteare di carro risonava in lontananza, nel silenzio delle straducole umide, illuminate dalla luna. Il lume ad olio ardeva ancora, ma il lucignolo aveva formato una specie di funghetto di fuoco che mandava un fumo nero ed acre.

Come un vecchio delinquente ella cominciò a *preparare* ogni cosa prima di chiamare i suoi benefattori; prese il lume, lo riempí a metà d'olio, tagliò con le forbici il lucignolo arso; entrò nella camera, cautamente; e prima di tutto guardò se il canapè era abbastanza in disordine, poi tolse la coperta dal viso della vittima e stette lungamente a guardarla. Il vecchio continuava a sorridere, col suo orribile sogghigno; ma il volto s'era fatto grigio, gli occhi si erano un po' socchiusi e appannati. Ella avrebbe voluto scuotere il cadavere, fargli prendere un'altra posizione, ma non osò: le destava un raccapriccio invincibile, le pareva che, toccandolo, le sue dita sarebbero rimaste attaccate a quelle carni morte.

Poi si levò il corsetto, il grembiale, li depose sulla sedia: si scompigliò i capelli, si passò le mani sul viso, sugli occhi, quasi per comporsi una maschera d'indifferenza; poi salí al primo piano, e batté all'uscio della camera di donna Rachele. Gli uomini dormivano all'ultimo piano: zio Cosimu anzi s'era fatto un lettuccio su in soffitta, fra i mucchi di frumento e di legumi.

Donna Rachele si chiudeva a chiave: ella dormiva poche ore della notte, ma aveva il sonno pesante, e Annesa dovette picchiare tre volte per svegliarla.

« Donna Rachele, apra; zio Zua sta male, sta per morire. »

« Gesú Maria, va e chiama subito prete Virdis. Va e chiama mio padre » gridò la vedova, correndo ad aprire.

Rosa, che dormiva con la nonna, si svegliò e si mise a piangere: Annesa entrò nella camera, col lume in mano, e mentre donna Rachele si allacciava tremando la sottana, disse tranquillamente:

« Non si spaventi. Credo che zio Zua sia morto. »

« Come lo dici! » gridò la vedova, correndo scalza verso l'uscio. « Morto cosí, senza sacramenti, senza niente! Che dirà la gente, Signore mio Dio. Che lo abbiamo lasciato morire cosí! Ma perché non chiamavi? »

« Non mi sono accorta di nulla. Ora, pochi minuti fa, mi sono svegliata, e non... »

Donna Rachele non l'ascoltava piú. Scalza, in sottanino, s'era precipitata giú per le scale, al buio, gemendo e gridando:

« Senza sacramenti! Dio, Signore mio, senza sacramenti! »

Rosa piangeva sempre. Don Simone batté il bastone sul pavimento della sua camera, Paulu aprí il suo uscio e domandò:

« Cosa c'è, Annesa? Mamma? »

Annesa ricominciava ad aver paura, ma oramai aveva piena coscienza di ciò che aveva fatto, di ciò che poteva accadere, e si dominava energicamente. Cercò di far tacere Rosa, rispose a Paulu:

« Scenda subito; chiami i nonni. Zio Zua è morto. »

Subito Paulu si vestí e corse da don Simone che picchiava sempre forti colpi sul pavimento per far tacere la bambina.

« Sta zitta; vado giú e torno subito. Zio Zua sta male, ha mal di pancia: vado a dargli la medicina. Non muoverti » disse Annesa; ma Rosa aveva sentito le parole della nonna, e ripeteva singhiozzando:

« È morto senza sacramenti. È morto: che dirà la gente? Tu non hai chiamato. »

« Ma sta zitta! » gridò Annesa, irritandosi. « Se ti muovi guai a te. »

E corse fuori, giú per le scale, sempre piú turbata, ma sempre piú decisa a non tradirsi. Dall'uscio vide donna Rachele china sulla vittima della quale aveva sollevato il capo e scuoteva le braccia.

« Nulla, nulla! È morto davvero. Ma come è stato, Annesa? Dio, Signore mio, che dirà la gente? »

Ella si avvicinò, e provò un senso di sollievo; il morto aveva cambiato fisionomia, non sogghignava piú.

« Prenderà un malanno a star cosí scalza » disse a donna Rachele, respingendola. « È morto, non vede? È già freddo. Stanotte ha avuto un altro accesso d'asma, come quello d'ieri notte: anzi ha gridato tanto. Credevo l'avessero sentito. Poi si è calmato, si è addormentato: anche io ero stanca, mi sono addormentata profondamente. Poco fa mi sveglio, ascolto, non sento nulla. Sto per riaddormentarmi; ma poi ho una specie di presentimento: accendo il lume, guardo... »

« Dio, Dio, perché non hai chiamato, stanotte? Bisogna tacere, adesso; non bisogna dire che è morto cosí, senza che noi ce ne accorgessimo. »

« Sí, sí! Diremo che c'eravamo tutti » disse Annesa vivacemente. « Ah, ecco don Paulu. »

Nel sentire i passi di lui impallidí, e fu riassalita da un tremito nervoso che la costrinse a battere i denti, a morsicarsi la lingua e le labbra. Ma Paulu non badò a lei. Anche lui aveva la candela in mano e corse a guardare il morto; si chinò, lo fissò, lo toccò. Il suo viso assonnato non esprimeva né dolore, né gioia.

« È andato! È freddo stecchito. Come è stato, Annesa? » domandò poi, deponendo il lume sulla tavola.

« Stanotte ha avuto un nuovo accesso d'asma, come quello di ieri notte » ella ricominciò; e ripeté quello che aveva detto a donna Rachele, mentre questa andava qua e là per la camera, cercando qualche cosa che non trovava.

« Mamma, vada a mettersi le scarpe. Che cerca? C'è bisogno di disperarsi cosí? È morto: che dobbiamo farci » disse Paulu, al quale era balenato in mente il dubbio che il vecchio fosse morto durante il convegno suo con Annesa.

Donna Rachele non sentiva nulla, presa dal rimorso d'aver lasciato morire il vecchio senza sacramenti. Le pareva di vederlo, tra le fiamme del purgatorio, con le braccia sollevate e la bocca aperta, avido di luce e di pace. Dopo aver frugato qua e là, finalmente trovò quello che cercava: un piccolo crocifisso nero, che mise sul petto del morto.

« Bisogna lavarlo e cambiarlo » disse, calmandosi. « Annesa, va e accendi il fuoco e metti un po' d'acqua a scaldare. Che fai lí, istupidita? Annesa, Annesa, che hai fatto! »

Questo rimprovero, sebbene dolce, colpí Annesa. oramai ogni parola aveva per lei un doppio significato.

ma mentre accendeva il fuoco, per scaldar l'acqua da lavare il cadavere, ripeté a sé stessa che bisognava esser forte, pronta a tutte le sorprese.

Dopo un momento s'udí la voce di don Simone:

« Ma che è stato? È morto forse? Cosa dice Annesa? Perché non ha chiamato? »

« Che colpa ha quella lí? Lasciatela tranquilla » disse Paulu, irritandosi perché donna Rachele ricominciava a lamentarsi. « È morto e sia pace all'anima sua. »

« Ma è questo, Paulu... » riprese la vedova.

« Ma lasci andare, mamma! Crede lei che se egli si fosse confessato sarebbe andato in paradiso? »

« Paulu! » disse il nonno con voce grave e triste. « Rispetta almeno i morti. »

Paulu non replicò. Nel silenzio improvviso si sentí il pianto di Rosa, e subito zio Cosimu Damianu, avanzandosi con la bimba fra le braccia, domandò:

« E Annesa? Ditele che dia attenzione a Rosa. Ma che è avvenuto? E Annesa che ha fatto? »

Annesa e Annesa. Tutti se la prendevano con lei, ma ella era decisa a lottare contro tutti.

Uscí nel cortile e attinse l'acqua: il cielo non ancora bianco, ma già pallido di un vago chiarore, annunziava l'alba; la luna, grande e triste, calava dietro il muro del cortile, le stelle tremolavano, velandosi, quasi impazienti di andarsene. Annesa avrebbe voluto che la notte non finisse ancora; aveva paura della luce, della gente che si sveglia e pensa ai casi altrui con malignità. La gente? Ella odiava la gente, questa vipera crudele alla quale bisogna dar da succhiare il proprio sangue. Per la gente ella aveva rinunziato al sogno di tutte le donne oneste: al sogno di sposare l'uomo che amava: per la gente, per le sue mormorazioni, per il martirio che avrebbe fatto subire a Paulu se egli lasciava scacciare i nonni e la madre dalla casa degli avi, ella aveva commesso un delitto. Ed ecco che fra poco la gente si sarebbe svegliata, e avrebbe invaso la camera ove giaceva il morto, e lo avrebbe scoperto, denudato, esaminato, forse avrebbe indovinato la terribile verità.

Piú tardi, mentre ella e donna Rachele lavavano il cadavere, don Simone, zio Cosimu e Paulu, seduti attorno al fuoco, presero appunto a parlare delle seccature che il prossimo infligge in certe occasioni. Zio Cosimu piangeva, cercando di nascondere il viso dietro la testona di Rosa. La bimba gli si era addormentata sulle ginocchia, ma ogni tanto aveva un fremito, e con la mano calda gli stringeva forte un dito.

« Sí » diceva don Simone, « ora verranno a seccarci. In queste occasioni, quando maggiormente si ha bisogno di tranquillità, la gente viene a immischiarsi nei fatti nostri. Gli antichi seppellivano in casa i loro morti, senza bisogno di star lí a fare i funerali. Cosí almeno raccontano: nei *nuraghes*, che servivano di abitazioni, si trovano le ossa dei morti. »

« No, per esempio » esclamò Paulu « zio Zua io non lo vorrei seppellito in casa. Sia pace all'anima sua, ma ci ha troppo tormentato. »

« Lasciamo correre trenta giorni per un mese » disse don Simone. « Misura le tue parole, Paulu. Non parlare cosí davanti alla gente, che appunto in queste occasioni osserva tutto. »

« Io sono sincero! Babbo Decherchi, vi assicuro che mi dispiace la morte del vecchio, ma non posso piangere. »

« Perché tu sei troppo attaccato alla vita, figlio mio » disse allora zio Cosimu. « Neppure lo spettacolo della morte ti impone rispetto. »

Era forse la prima volta che zio Cosimu gli parlava cosí aspro; Paulu si turbò piú per queste brevi parole del nonno materno, che per i continui rimproveri di don Simone.

« Attaccato alla vita! » disse amaramente, come fra sé, ricordando che il giorno prima aveva pensato di

uccidersi. « Se fossi stato cosí, come voi dite, avrei...
basta, non è ora di parlare di queste cose. »

« E allora taci! Un morto è là; pensa piuttosto che
tutti dobbiamo morire. Zua Decherchi non era un vile,
che si possa chiacchierare e scherzare davanti al suo
cadavere. Era un uomo valoroso, e sopratutto un uomo
onesto, lavoratore e giusto. I mali fisici lo avevano reso
aspro, ora, ma spesso è nell'amarezza che si dicono le
verità. E la verità è quella che dispiace. »

Paulu non rispose subito. Dopo tutto egli era un
figlio e un nipote rispettoso e non aveva mai questionato coi suoi maggiori, anche perché lo giudicava inutile. Non aveva mai questionato, ma sempre fatto il
comodo suo; anche perché credeva di essere infinita-
mente superiore, per intelligenza e volontà, ai suoi nonni ignoranti e semplici. Le parole insolite di zio Cosimu, in quell'ora funebre, lo colpirono vivamente, anzi
gli dispiacquero. Ma poi pensò che forse il nonno aveva ragione, e forse per questo volle, dopo un momento,
replicare.

« Un giusto! » mormorò. « La morte del giusto, però, non l'ha fatta. »

« Taci, taci dunque » disse allora don Simone, che
s'era messo a pregare quasi a voce alta. « Tu non sai
quello che dici. Perché non ha fatto la morte del giusto? Non è morto nel suo letto, di morte naturale?
Perché non si è confessato? Ma il Signore è misericordioso, e la sua bilancia pesa le buone e le male azioni
meglio del come possiamo pesarle noi. »

Annesa entrava ed usciva, e sentí le parole del vecchio. Se avesse potuto sorridere, ella che non credeva in
Dio e in una giustizia sovrumana, avrebbe sorriso: ma
pensava ad altro.

« Avete finito? » domandò zio Cosimu, mentre ella
versava fuor della porta l'acqua con cui donna Rachele
aveva lavato il cadavere.

Ella s'avvicinò al focolare e fece cenno di no. Non

parlava piú: le sue labbra sembravano sigillate. Paulu riprese:

« Non pesino le mie parole sul morto, ma credo che la bilancia eterna abbia bisogno di tutta la misericordia del Signore per... »

« Figlio di Sant'Antonio » proruppe di nuovo zio Cosimu, « non hai capito che non ti conviene di parlare cosí? Sta attento. »

« Ma, infine, che ho da temere? » esclamò Paulu. « Spero che non diranno che l'ho fatto morire io. »

« Eh, possono dirlo, invece » rispose il vecchio, abbassando la voce. « Eppoi non si tratta di questo, ora. Si tratta di pregare o di star zitti. »

« Eppoi! Eppoi!... » disse don Simone, agitando una mano in aria. E dopo un momento di silenzio aggiunse: « Egli non era poi cosí cattivo, no. Egli voleva farci del bene. Forse noi non abbiamo saputo trattarlo né conoscerlo. Lo abbandonavamo ogni giorno di piú, lo lasciavamo solo, ci ricordavamo di lui quando ne avevamo bisogno. Sí » proseguí a bassa voce, « non lo amavamo come forse meritava. E lui, ora posso dirlo, lui voleva farci del bene. Aveva incaricato prete Virdis di acquistare la casa e la *tanca*. »

Paulu sollevò vivacemente il capo: e vide che Annesa in fondo alla cucina, guardava fisso don Simone. Pareva spaventata.

« Basta, preghiamo » concluse il vecchio nobile « e non giudichiamo mai il nostro prossimo, prima d'averlo conosciuto. »

Ma Paulu odiava zio Zua anche morto; e giudicò opportuno far sapere ai suoi nonni che non avrebbe avuto bisogno dell'aiuto del vecchio avaro.

« Lasciamolo in pace » disse « ma se egli veramente voleva farci del bene poteva risparmiarci tanti dispiaceri; poteva risparmiarmi di correre tutto il circondario, sotto il sole e sotto la pioggia, e di umiliarmi a tutti gli strozzini, a tutte le donnicciuole, a tutti i villani che incontravo. Voi volete che non parli; ma io non posso tacere. Ancora poche parole. Ieri notte ho fatto tardi, non ho voluto svegliarvi. Ho trovato i denari, ma con quale umiliazione! Da una vedova di fama equivoca ho dovuto prenderli, e li ho presi: che dovevo fare? » aggiunse, difendendosi da rimproveri che i vecchi non pensavano di rivolgergli. « Avevo l'acqua alla gola. Ancora un po' e mi sembrava di dover affogare. »

« Chi dice nulla? Se tu restituirai quei denari, che t'importa della fama della vedova? »

« Li restituirò, certo! E non crediate che li restituirò con l'eredità del morto. No; voglio dirvi anche questo. Ho trovato un impiego. Lavorerò: andrò nelle miniere. »

I due nonni lo guardavano e don Simone scosse la testa: ed anche zio Cosimu, nonostante tutta la sua bontà solita, il suo compatimento, la sua tenerezza, strinse le labbra e fece cenno di no. No, no; egli non credeva alle parole del nipote.

Ma Paulu non replicò oltre: aveva detto tutto quello che gli premeva di far sapere ai nonni. Il resto lo avrebbe detto a sua madre, piú tardi; adesso non ci pensava neppure.

I vecchi ricominciarono a pregare, ed egli chinò la testa sulla mano e s'immerse nei propri pensieri: dopo tutto, lo spettacolo della morte, benché non gli riuscisse nuovo, lo rattristava, e gli faceva ritornare alla mente mille quesiti vecchi come il mondo e sempre nuovi e sempre difficili a risolversi. Finisce tutto con la morte? Abbiamo davvero un'anima immortale? E dove va, quest'anima, dopo la nostra morte? Dov'è l'anima del vecchio asmatico? Esiste davvero il Signore, il Dio dei nostri padri, seduto sulle nuvole, il vecchio Dio giusto e terribile, il Dio con la bilancia, tanto amato e riverito dai vecchi nonni?

Paulu non sapeva: ricordava la morte del padre, la morte della moglie, ma ricordava che *allora* la disperazione e il dolore non gli avevano permesso di rispondere ai terribili quesiti che adesso gli ritornavano al pensiero. Si trovava in ben diverse disposizioni d'animo, adesso; era quasi felice, si sentiva giovane, forte, pieno di buona volontà; l'avvenire gli appariva quasi roseo. Era quindi propenso a credere all'esistenza di Dio e della sua bilancia e, in conseguenza, della sua giustizia.

Annesa, invece, appresa la notizia che il morto voleva "far del bene alla famiglia", era diventata ancor piú cupa e silenziosa. Donna Rachele, intanto, compiva i riti funebri con una specie d'esaltazione religiosa; pregava e sospirava e ogni tanto mormorava:

« Morto cosí! Annesa, morto cosí! »

Annesa taceva, e quando il cadavere fu rivestito e ricoperto con un drappo di damasco giallognolo, e la luce glauca dell'alba, penetrando dalla finestra sull'orto, si fuse col chiarore rossastro dei ceri che ardevano sui vecchi candelabri dorati, il viso di lei, immobile nel cerchio del fazzoletto nero, apparve come una maschera di cera.

Appena fu giorno ella andò a chiamare prete Virdis.

Egli sospese di dire la prima messa per correre nella casa visitata dalla morte; entrato nella camera dove zio Cosimu vigilava il cadavere, s'inginocchiò e pregò; poi uscí in cucina, sedette vicino alla tavola, e per qualche minuto stette silenzioso, rosso e gonfio piú del solito; ma d'un tratto si sbatté il fazzoletto turchino sulle ginocchia, abbassò e sollevò il capo, sbuffò.

« Annesa mi ha raccontato che eravate tutti presenti quando Zua è morto. Ah, perché non mi avete chiamato, *anghelos santos*? Che male avete fatto! »

Donna Rachele mise sulla tavola un involto, e sospirò. E sebbene con ripugnanza, sostenne la menzogna di Annesa.

« Egli aveva di questi accessi quasi tutte le sere. Il medico aveva ordinato un calmante che riusciva sempre efficace. Stanotte però il male è stato cosí forte ed improvviso che Annesa non ha fatto in tempo a versare il calmante nel bicchiere. Abbiamo trovato quest'involto fra i materassi, e non l'abbiamo aperto aspettando che lei venisse. »

« Apritelo pure » disse prete Virdis. « L'altro giorno egli mi aveva consegnato le sue cartelle e il suo testamento. »

« Tutto è in buone mani » mormorò donna Rachele, svolgendo il pacco trovato fra i materassi.

Ma Paulu, che s'era avvicinato per guardare, emise una esclamazione di rabbia, si strinse la testa fra le mani, e cominciò ad agitarsi.

« Egli aveva mandato via di casa il testamento? Mi credeva dunque capace di falsificarlo. Sono dunque giudicato cosí vile? E anche lei, prete Virdis, anche lei mi ha giudicato cosí vile? »

« Pensiamo ad altro! » rispose il prete, agitando il fazzoletto. « Io ho compiuto la sua volontà, e null'altro. Ora pensiamo a seppellirlo, poi parleremo del resto. Tu, Paulu, andrai a dare l'avviso al sindaco; io penserò ai funerali. »

« Io? » gridò Paulu, battendosi le mani sul petto. « Io me ne vado subito in campagna. Nessuno mi ha veduto tornare ieri sera: il mio cavallo forse è ancora da ziu Castigu. No » aggiunse « non posso restar qui, oggi. Sono troppo irritato, prete Virdis! Egli mi offende anche dopo morto. Vado via: potrei parlar male, e ogni mia parola sarebbe pesata. Dammi la bisaccia, Annesa, mettici dentro un pezzo di pane. »

« Paulu, abbiamo da pensare ad altro » disse donna Rachele, e Annesa non si mosse.

Ma egli, offeso per l'affare delle cartelle e del testamento era deciso ad andarsene; l'idea di dover restare tutto il giorno a casa e mentire, davanti agli estranei, un dolore che non sentiva, aumentava la sua agitazione. Disse:

« Me ne andrò nell'ovile di ziu Castigu. »

« Va pure, cattivo cristiano, va! La volpe cambia il pelo, ma non il cuore. Va, va » disse il prete, agitando sempre il suo fazzoletto, come per scacciare le mosche.

E Paulu si mosse per uscire. Donna Rachele e don Simone, che in fondo giustificavano la sua collera, non lo trattennero: solo Annesa gli corse dietro, e gli disse, supplichevole:

« Tu non farai questo. Tu non andrai, Paulu! Che dirà la gente? »

« Se qualcuno mi vedrà tornerò indietro » egli promise. « Lasciami andare. È ancora presto: nessuno mi vedrà. »

Uscí e non tornò. Donna Rachele, prete Virdis e don Simone confabularono a lungo; poi il sacerdote se ne andò, promettendo di provvedere a tutto per i funerali.

Piú tardi la casa si riempí di gente: vicini, parenti, amici. Vennero anche i due vecchi fratelli che il giorno prima avevano preso parte al pranzo dei poveri; e l'amico del defunto diceva:

« Come si muore presto! Ieri ancora Zua era pieno di vita. »

« Sí, egli correva e saltava come una lepre che presente la pioggia! » osservò ironicamente l'altro fratello.

Poi venne il falegname con la cassa, e il morto fu messo dentro, con le sue medaglie e il crocifisso nero. Qualche vecchia parente propose di cantare una nenia funebre in onore del morto, ma don Simone si oppose: egli era un uomo all'antica, sta bene, e approvava anche gli antichi usi, ma capiva che certe barbare cerimonie hanno fatto il loro tempo: quindi ordinò ad Annesa di preparare il pranzo, mentre di solito non si accende il fuoco nelle case ove c'è un morto; ed ella si ritirò nel suo angolo, sotto la tettoia, contenta di sfuggire all'attenzione delle persone curiose che andavano e venivano con la scusa di far le condoglianze a donna Rachele ed ai vecchi nonni.

Il cortile era deserto. La piccola Rosa era stata mandata in casa della zia Anna e non doveva ritornare che a sera inoltrata.

L'ora passava; Annesa si sentiva sempre piú tranquilla: ancora un po' e la terra muta si sarebbe aperta per inghiottire il terribile segreto. Ma mentre attraversava la cucina per cercare qualche cosa nell'armadio, sentí un profondo sospiro; si volse, inquieta, e nell'angolo dietro la porta vide Niculinu il cieco: immobile, rigido, egli fissava nel vuoto i suoi occhi biancastri dalle palpebre pesanti, e pareva deciso a non muoversi presto.

« Che fai lí? » ella domandò, inquieta. « La gente è di là, nelle stanze di sopra. Va di là. »

« E tu che fai? »

« Preparo la colazione » ella rispose, prendendo un piatto dall'armadio.

« Ah, i morti non mangiano piú, ma i vivi mangiano ancora. »

« Sicuro, dal momento che essi hanno ancora la bocca! Che t'importa? » ella disse, seccata. « E tu, ieri, non hai mangiato qui? E tuo padre non è morto? »

« Sí, ho mangiato e bevuto » riprese l'altro, con la sua voce fiacca e dolce. « Perciò... Basta; dov'è Gantine? Non tornerà oggi? »

« Né oggi né domani. È lontano: nella lavorazione del salto di San Matteo. »

« E don Paulu, dov'è? »

« Ma che t'importa? » ripeté Annesa. « Non ho voglia di chiacchierare con te, Niculinu. Fammi il piacere, vattene. »

« Annesa » egli ripeté, senza badare alle aspre parole di lei « dov'è don Paulu? Se ritorna digli che non tutti ieri hanno creduto, come ho creduto io, di far la Comunione in questa casa. C'è della gente maligna, nel mondo. Molta gente maligna. »

« E lascia che ci sia! Lo so, i fratelli Pira hanno sparlato di noi, dopo aver mangiato e bevuto qui. Ma non abbiamo tempo per pensare a queste cose, oggi... »

« Bisognerebbe avvertire don Paulu » ripeté l'altro con insistenza.

« Egli non ha bisogno di avvertenze; lasciami in pace, Niculinu. »

Ella ritornò nel cortile, ma si sentí di nuovo inquieta. Avvertire Paulu? Di che? Delle maldicenze dei vecchi sfaccendati? Paulu avrebbe riso: egli non amava i pettegolezzi. Dopo un momento ella rientrò nella cucina per domandare al cieco che cosa i fratelli Pira avevano detto: Niculinu non c'era piú. Nella camera s'udiva il falegname inchiodare i galloni d'argento sul drappo nero della cassa; e quel suono lugubre di martello riuscí quasi piacevole all'orecchio di Annesa; oramai nessuno piú vedeva il morto; ella solo lo vedeva ancora, livido e macabro, con la bocca aperta e gli occhi di vetro. Ma oramai la cassa nera, coi suoi galloni e i suoi chiodi, custodiva il segreto, come lo custodiva lei.

Poi il martello tacque: una voce disse, dietro l'uscio: « Ecco fatto: andiamo a mangiare. »

E a poco a poco la gente se ne andò; e i vecchi nonni e donna Rachele mangiarono poco sí, ma tranquillamente, come persone che hanno la coscienza quieta e la certezza d'aver compiuto il proprio dovere.

VII

Alle tre il morto fu portato via. Annesa rifece il lettuccio, rimise tutto in ordine, e i nonni e donna Rachele scesero e continuarono a ricever la gente nella camera dov'era morto il vecchio.

Dopo i funerali prete Virdis ritornò e sedette accanto a donna Rachele, domandando se Paulu era tornato.

« Questa mattina l'hanno veduto uscire » continuò il grosso prete, che teneva sempre in mano il fazzolettone rosso e turchino. « Errore sopra errore. Sí, cari miei, da ieri ad oggi avete fabbricato un edifizio di errori. Speriamo non crolli. »

« Che vuol dire con queste parole? » domandò don Simone; ma prete Virdis agitò il fazzoletto e tacque. Annesa però notava con inquietudine che egli volgeva vivamente la testa ogni volta che la porta s'apriva. Pareva che egli aspettasse qualcuno, ma quando le persone entravano reclinava la testa e agitava il fazzoletto senza pronunciar parola; e solo verso il tramonto s'alzò e si congedò.

« Devo andare per la benedizione » disse, con voce grave. « Se avete bisogno di me chiamatemi. »

Finalmente la casa restò tranquilla: i due vecchi uscirono nell'orto, donna Rachele poté muoversi. Annesa sedette sullo scalino della porta che dava sull'orto e guardò verso la montagna. Cadeva una sera mite e luminosa. I boschi, immobili e taciti, dal confine dell'orto fino agli estremi vertici della montagna apparivano rosei, come illuminati da un incendio lontano: le fronde rossastre degli ultimi elci si disegnavano nettamente sul cielo grigio-violaceo dell'alto orizzonte. Tutto era pace e silenzio: ma Annesa si sentiva stanca, e benché le sembrasse di sentire ancora, nella camera vicina, l'ansare del vecchio asmatico, provava l'impressione che anni e anni fossero trascorsi dopo il fragoroso temporale della notte avanti. Non poteva convincersi che in un giorno e una notte fossero accadute tante cose. E le pareva di essere invecchiata, e che un peso invisibile le gravasse sulle spalle e la costringesse a curvarsi fino a terra.

"Tutto è finito" pensava. "E ora bisogna andarsene.

Se resterò qui, in questa casa, non sarò piú capace di ridere, di parlare, di lavorare. Ho liberato gli altri dal tormento del vecchio, ma mi sembra d'avermi caricato un peso sulle spalle. Sí, eccolo qui, sulle mie spalle: è il vecchio, e geme ancora."

Trasalí e impallidí. Uno sbadiglio nervoso le contrasse il viso.

"Ah, ecco la febbre che ricomincia; già, è calato il sole. Ne avrò per tutta la notte."

Per qualche tempo rimase immobile sullo scalino della porta, ma invece di riposarsi le pareva di sentirsi sempre piú stanca, e come il cielo si oscurava, anche i suoi pensieri si velavano. Guardava verso il punto della montagna dove credeva ci fosse l'ovile di zio Castigu e pensava:

"Paulu sarà già in cammino; scenderà forse a piedi per lasciare il cavallo al pascolo, e arriverà stanco e vorrà cenare. Bisogna muoversi: devo anche andare alla fontana."

Ma una grave stanchezza le impediva di muoversi: di nuovo sbadigliò e rabbrividí dai piedi alla testa:

« Ah! ah! » disse a voce alta. « Ci manca solo questo, che mi ammali » e un pensiero molesto la turbò: "se mi assale il delirio e parlo? Ah, no, labbra mie, tacete! Ora che la terra ha ingoiato il segreto, dovrei svelarlo io?".

Sbadigliò ancora e si portò ambe le mani alla bocca poi si alzò, smaniosa di muoversi, di vincere il maligno sopore che la invadeva: accese il fuoco e preparò la cena; pensò di andare alla fontana e cercò l'anfora, ma mentre attorcigliava un pannolino per farne un cercine provò un capogiro e dovette appoggiarsi al muro per non cadere: con l'ombra della sera tornava la nebbia perfida della febbre. Donna Rachele si accorse che Annesa stava male e le tolse l'anfora di mano.

« Figlia mia, dammi ascolto; va piuttosto a coricarti. »

« Bisogna andare » ella disse con voce velata.

« Bisogna andare a letto, figlia! Non ti accorgi che hai la febbre? »

« Ebbene, vado a prendere Rosa e mi faccio dare un po' d'acqua da zia Anna: mi lasci andare. »

Prese una piccola brocca e uscí: la sera cadeva, limpida e dolce: sul cielo ancora d'un color rosa azzurrognolo, di là delle casupole nere del villaggio scintillavano le stelle dell'Orsa; i contadini tornavano, sui loro piccoli cavalli stanchi, e attraverso le porticine spalancate si vedevano le donne intente ad accendere il fuoco ed a preparare il pasto pei loro uomini.

Arrivata presso la casetta della cugina di donna Rachele, Annesa che cominciava ad inquietarsi per la prolungata assenza di Paulu, si fermò e stette un momento a guardare se qualche pastore scendeva dal sentiero della montagna. Ma non vide nessuno, ed entrò nel cortiletto aperto, poi nella casetta della zia Anna. Era una casetta di gente povera; nella cucina, di sopra della porta, si stendeva una specie di soppalco, sul quale stavano le provviste della legna, della paglia e dell'orzo.

« Annesa, sei tu? Rosa è andata alla fontana assieme con Ballora, e con le bambine » disse la zia Anna sporgendosi appunto dal soppalco, dove era salita per prendere un po' di legna. « Aspetta un momento. »

Scese lentamente, per una scaletta a piuoli, mentre Annesa versava, dalla brocca deposta su una pietra, un po' d'acqua nella sua anforetta.

« Prendo un po' d'acqua: domani ve la riporterò, zia Anna. »

« Anima mia, con gl'interessi la voglio! » disse l'altra scherzando. « Ballora riporterà Rosa a casa vostra, nel ritornare dalla fonte. Hanno aperto il testamento? » domandò poi. « È vero che lo aveva in consegna prete Virdis? Ah, quel vecchio istrice! Non gli pesino neppure come una foglia di rosa le mie parole, ma egli era ben gretto e diffidente. Oggi s'è sparsa la voce che Paulu l'ha fatto morire a furia di bastonate. »

« Ah » gridò Annesa, ricordando le parole del cieco « si dice questo? »

« Chiacchiere, anima mia. Ma che hai? »

Annesa tremava di febbre e di paura: pensava però che nōn doveva tradirsi, e rispose con calma:

« Tutte le sere, da qualche tempo in qua, ho la febbre. Ora vado e mi corico; sono stanca morta, zia Anna; ho la schiena rotta. Addio, parleremo un'altra volta. Lasciatemi andare. »

« Verrò da voi piú tardi, anima mia » disse la zia Anna, accompagnandola fino al sentiero che attraversava la china rocciosa. « Se incontri Ballora dille che s'affretti; è già tardi. »

Annesa affrettò il passo, con la speranza di trovar Paulu già rientrato; ma a metà strada, in una viuzza solitaria, le parve di sentire la voce di Ballora e il pianto di Rosa. Si mise a correre e in fondo alla viuzza incontrò infatti la nipote della zia Anna che a sua volta correva, con Rosa fra le braccia, e seguita da altre due bambine spaurite.

« Rosa, Rosa! » gridò Annesa, deponendo per terra l'anforetta e slanciandosi incontro a Ballora. « Che c'è? Che c'è? »

Rosa le si aggrappò al collo, le abbandonò la grave testa sulla spalla: tutto il suo corpicino tremava convulso.

« Torna indietro » disse la fanciulla con voce ansante. « I carabinieri tî cercano: sono lí in casa vostra, e arrestano tutti. Tutti, anche zia Rachele... »

« Anche zia Rachele... » balbettò Annesa, senza sapere quello che diceva, mentre Ballora e le bimbe correvano colte da timor panico, quasi fuggendo da un luogo pericoloso. Ella le seguiva e domandava con voce ansante:

« Come? Come? »

« Non so... Noi siamo arrivate davanti alla vostra porta: volevamo riportare Rosa. Ma davanti alla vostra casa c'era gente, molta gente e una donna mi disse: ci sono i carabinieri: arrestano tutti... tutti... e cercano Annesa. Allora io deposi la brocca per terra, presi Rosa e scappai. Bisogna avvertire zia Anna. E tu nasconditi, Annesa, nasconditi, nasconditi. »

Ella non pensava ad altro: nel suo terrore, vinta dal solo istinto della conservazione, pensava che ella sola, colpevole, era in pericolo. Gli altri erano innocenti: non avevano nulla da temere. Non pronunziò piú una parola, non le venne in mente di tornare indietro e di accertarsi se Ballora s'era o no ingannata o se non avesse esagerato il pericolo. L'istinto la spingeva, la costringeva a correre, a salvarsi.

Anche Ballora e le bimbe proseguivano la loro corsa sfrenata: pareva fossero inseguite tutte dai carabinieri. Alcune donne s'affacciarono alle porticine delle casupole, e una disse:

« Sono ragazze che si divertono a rincorrersi. »

E le fuggitive poterono arrivare indisturbate davanti alla casetta di zia Anna. La cucina ove entrarono una dopo l'altra, era deserta: Annesa pensava di nascondersi nel soppalco, ma Ballora le disse:

« Non restare qui, Annesa, non restare. Prima d'ogni altro posto, verranno a cercarti qui. Nasconditi altrove. »

« Dove? Dove? » ella domandò, guardandosi attorno disperata.

« Vattene, Annesa » incalzò l'altra « vattene: mi pare che vengano. »

Allora Annesa, cieca di paura e di egoismo, non cercò di sapere altri particolari, non vide piú nulla: si liberò violentemente di Rosa, se la strappò dal collo, dalle braccia, come una fronda di rovo che non volesse staccarsi; e si slanciò fuori e riprese la sua corsa. Fortunatamente il luogo era deserto: nessuno la vide, o meglio ella non vide nessuno, e poté rifugiarsi nel cortile della chiesa e di là, su per la scaletta di pietra, salí al primitivo belvedere dove nei giorni della festa i priori si riunivano per prendere il fresco e giocare alle carte. Era una specie di loggia a tre arcate, coperta di un tetto di canne, e circondata di un parapetto di pietre. Ella s'inginocchiò davanti al parapetto e sporse appena il viso fra due pietre: sul suo capo, nello sfondo della rozza arcata, brillavano le stelle; tutto era silenzio, pace, ombra.

Il cuore le batteva convulso, la febbre aumentava il suo terrore. Le pareva che fantasmi mostruosi l'inseguissero, per afferrarla e gettarla in un luogo piú misterioso e spaventoso di quell'inferno al quale non credeva. Il caos era intorno a lei: un'ombra, una nebbia, una notte tormentosa, senza fine.

Fu davvero una notte tormentosa, piú terribile ancora della notte scorsa. Dal suo nascondiglio ella poteva vedere la spianata, la china rocciosa e la casa della zia Anna. A lungo un lumicino brillò nella casetta; ella vedeva delle ombre muoversi, e le pareva di sentire il pianto di Rosa e rumori vaghi, indistinti: ma poi tutto fu silenzio. Un uomo a cavallo attraversò la spianata: il cielo ad oriente s'imbiancò. Alquanto rassicurata ella si alzò, si scosse, ragionò.

Dov'era Paulu? Era tornato? Era stato anche lui arrestato? E gli altri? Se Ballora si fosse ingannata?

"È tutto un sogno" pensò. "Ballora deve essersi ingannata. No, non si arresta cosí la gente, all'improvviso, in un momento. Io deliro: è la febbre che mi tormenta."

Ma poi ricordò che anche la notte prima aveva creduto di sognare, mentre tutto era stato una tragica realtà.

"Io, io sono la causa di tutto, io maledetta! Che devo fare adesso? Perché sono fuggita? Di che cosa ho paura? La reclusione mi aspetta: lo sapevo anche prima di fare quello che ho fatto. Perché fuggo, ora? Dio mio, Dio mio, tutto è perduto."

Sedette sul primo gradino della scaletta, e cercò di esaminare meglio la sua situazione: a poco a poco il suo terrore e il suo dolore diminuirono, e un barlume di luce brillò nella sua anima tenebrosa. Ella tornò ad essere ciò che era stata sempre: l'edera che non poteva vivere senza il tronco.

"Bisogna salvarli" decise, alzandosi e ridiscendendo nel cortile. "Andrò a costituirmi, e se occorre dirò tutto."

Ritornò verso la casetta di zia Anna: non aveva più paura, potevano ben prenderla, legarla, gettarla pure in un luogo di dolore eterno, ella non avrebbe detto parola se non in favore dei suoi "benefattori".

Picchiò. Zia Anna aprì subito.

« Sei tu? » disse sollevando le mani, spaventata. « Che vieni a fare? Ti cercano, sai: hanno guardato in tutte le case del vostro vicinato e aspetto che da un momento all'altro vengano qui. Non sono andata a letto perché son certa che verranno. »

« Ma è vero, dunque? » domandò Annesa con voce sorda. « E Paulu? »

« Paulu non è tornato; almeno non era tornato, poco fa. Gli altri son tutti arrestati, tutti, anche Rachele. »

« Anche lei? » disse Annesa. E si gettò per terra come fulminata.

Credendola svenuta la donna si chinò per sollevarla; ma ella la respinse, s'alzò, si batté un pugno sulla bocca, quasi per impedirsi di parlare. E volse le spalle, per andarsene.

« Senti, figlia mia, dove andrai? » gridò la donna.

« Dove volete che vada? Torno a casa: chi c'è là? »

« C'è un carabiniere che aspetta il ritorno di Paulu.

Ma Paulu certo non tornerà: certo ci sarà stata qualche anima buona che sarà corsa ad avvertirlo. Ascoltami, Annesa: vedo la tua intenzione. Tu vuoi farti arrestare. Guardatene bene, se sai qualche cosa: sei una donna, sei fragile, finiranno col farti parlare. »

« Ma voi... anche voi credete?... »

« Io non so niente! Tutto il paese dice che Paulu ha bastonato il vecchio sino a farlo morire, e che tu e tutti voi siete complici. Se questo non è vero, perché vuoi farti arrestare? Nasconditi, se sai qualche posto sicuro. Vedrai che è cosa da niente: domani forse tutto si accomoderà. »

« Appunto. Voglio costituirmi per questo. Dove volete che vada, zia Anna? Non sono un uomo, per correre fra i boschi. Anzi, giacché devono venire, lasciate che li aspetti qui. No, non verrò dentro, non voglio che le bambine si spaventino. Li aspetterò qui. »

Sedette sul muricciuolo del cortile. Intorno regnava sempre il profondo silenzio della notte pura: la luna grande e gialla spuntava sopra la montagna e il suo albore melanconico illuminava la spianata e le casette addossate alla chiesa. Zia Anna le si avvicinò e le mise una mano sul capo.

« Sentimi » le disse sottovoce. « Io conosco Paulu piú di quanto tu possa conoscerlo, Annesa; e so quanto egli vale. Egli è stato la rovina della sua famiglia. Ascoltami, anima mia. Se la giustizia s'è mossa, qualche cosa deve essere accaduto. »

Annesa cominciò con impeto:

« State zitta... » ma poi scosse la testa e non proseguí. A che serviva? No, ella non voleva pronunziare parole inutili; voleva solo operare, salvare i suoi "benefattori".

Zia Anna le premé la mano sul capo e continuò grave e misteriosa:

« Sentimi: tu devi sapere quello che è accaduto, e la giustizia ti cerca appunto perché spera che tu parli.

Guardati bene dal lasciarti prendere, ti ripeto, se tu vuoi bene a Paulu. Tu lo sai, egli è per te un fratello: non perderlo, non parlare. Forse tutto si accomoderà: ma bisogna che tutti stiate zitti e silenziosi come le pietre. »

« Se occorrerà dirò che la colpevole sono io, io sola » disse Annesa con voce timida. Ma zia Anna le mise la mano sulla bocca.

« Vedi? Vedi? Tu chiacchieri già! Zitta, figlia, zitta come la chiocciola. Tu non devi parlare, non devi accusare nessuno, non devi accusarti. Non ti crederebbero, anche se tu ti accusassi; e ti costringerebbero a dire ciò che davvero hai veduto. E li perderai, figlia, li perderai! »

« Ah, no, no, non ditelo neppure » ella supplicò, giungendo le mani. « Non fatemi impazzire. »

« Silenzio! » disse la donna, sollevando la testa. Annesa tacque, ascoltando: sentí passi gravi e rumorosi nella viuzza, di là della spianata e, benché pronta a tutto, vibrò di spavento e balzò in piedi. Ma i passi cessarono: di nuovo tutto fu silenzio sotto il grande occhio giallo della luna.

« Voi credete dunque che Paulu sia rimasto lassú? » domandò, guardando verso la montagna.

« Io credo. Fin da stamattina si vociferava che il vecchio fosse morto in seguito a maltrattamenti di Paulu, e che questi verrebbe arrestato prima di sera. Qualche amico, qualche anima buona avrà cercato di informare Paulu, e in seguito a quest'avvertenza egli non si sarà mosso dall'ovile di ziu Castigu. Non ti pare? »

« Lo credo, lo credo! » esclamò Annesa con fervore. « E s'egli è libero tutto si accomoderà. »

"S'io potessi vederlo" pensò, "se io potessi parlare con lui."

Che cosa gli avrebbe detto? Non la verità, certo. Ma il desiderio, il bisogno di vederlo, di raccontargli ciò ch'era successo, di combinare con lui il miglior modo di difendersi per salvarsi, la spinsero verso il sentiero della montagna.

S'avviò, come una sonnambula, senza dire a zia Anna dove andava.

« Dove vai? Dove vai, Annesa? »

Ella non rispose: ricordava le parole del cieco, il contegno di prete Virdis, lo sguardo beffardo dei fratelli Pira. Sí, certo, fin dalla mattina, la gente sapeva che una calunnia infame correva sul conto di Paulu: e qualche *anima buona*, come diceva zia Anna, forse lo stesso Niculinu, aveva mandato ad avvertire il vedovo.

Lassú, fra le roccie e i boschi millenari s'aprivano grotte e nascondigli inaccessibili a tutti, fuorché ai pastori che ne conoscevano i laberinti. Ziu Castigu, poi, era tanto pratico di quei luoghi, che egli stesso qualche volta si vantava d'essere il re delle grotte (*su re de sas concheddas*). Senza dubbio Paulu, poiché non era tornato in paese, s'indugiava lassú, in attesa che la calunnia, messa in giro dagli amici del morto, venisse smentita.

Ripassando dietro la chiesetta, dove cominciava il sentiero della montagna, Annesa si fermò ancora ad ascoltare e a guardare verso il villaggio. Le pareva d'essere inseguita ma non sentí nulla, non vide nessuno. La luna, limpidissima, illuminava le casette nere e grigie che parevano fatte di carbone e di cenere: il vasto orizzonte, tutto d'un azzurro latteo, sembrava uno sfondo di mare lontano. Le ombre delle roccie e dei cespugli si disegnavano sul terreno giallognolo, tutto appariva dolce e misterioso. Ella si rassicurò.

La parve che la notte, la luna, le ombre, il silenzio le fossero amici: tutte le cose tristi ed equivoche oramai le davano coraggio, perché tutto era triste ed equivoco nella sua anima. Cammina, cammina; cominciò la salita dipartendosi dal punto preciso dove era morto il mendicante suo primo compagno di viaggio, che l'aveva condotta là, in quell'angolo di mondo, come il vento porta il seme sull'orlo dell'abisso: la fatalità continuava ad incalzarla, un vento di morte la spingeva. Avanti, avanti: ella andava e non sapeva dove sarebbe arrivata, come non sapeva donde era venuta.

Su, su, di pietra in pietra, di macchia in macchia. Qua e là brillavano, tristi e glauche fra i giunchi neri, larghe e rotonde chiazze d'acqua che parevano gli occhi melanconici della montagna non ancora addormentata. D'un tratto il sentiero s'insinuò tra le felci e i rovi che coprivano i fianchi del monte, poi fra macchie di ginepro, poi nel bosco e fra le roccie. La luna penetrava qua e là fra gli alberi altissimi; ma spesso le roccie la nascondevano, e l'ombra s'addensava sul sentiero. Fantasmi mostruosi sbarravano allora lo sfondo della strada: in lontananza apparivano edifizi neri misteriosi; muraglie fantastiche sorgevano di qua e di là del sentiero; le macchie sembravano bestie accovacciate, e dai rami degli elci si protendevano braccia nere, teste di serpenti: tutto un mondo di sogno, ove le cose incolori e informi destavano paura per la loro stessa immobilità.

Annesa camminava, e le pareva di essere passata altre volte attraverso quelle tenebre, in mezzo a quei fantasmi e di conoscerli, e di non aver piú timore dei pericoli ignoti che la precedevano e la seguivano: eppure di tanto in tanto bastava il fruscío dei suoi passi sulle foglie secche per farla trasalire.

A metà strada, sull'alto di una china apparve una figura strana, che si muoveva davvero: sembrava una figurina umana, ma con una enorme testa di Medusa, nera nel chiarore lunare. Annesa si gettò dietro una roccia: e vide passare e sparire, a lunghi passi silenziosi, una ragazzetta scalza con un fascio di legna sul capo. Era una bimba che viveva vendendo legna rubate: i suoi piedini coperti di una crosta di fango sembravano calzati di leggeri sandali adatti alla fuga. Annesa riprese la strada. E su, e su. Un'altra figura apparve, nera sulle bianche lontananze di un pianoro; un centauro che fischiava e galoppava verso le vaporosità dell'orizzonte. Poi piú nulla: il mare apparve, come una nuvola d'argento azzurrognolo, sull'ultima linea del cielo lattiginoso: e la chiesetta nera si disegnò, alla destra del sentiero, sulla china petrosa. S'udiva il tintinnio monotono e argentino dei sonagli d'un gregge al pascolo. Dovevano essere le pecore di ziu Castigu. Guidata dal tintinnio melanconico, Annesa attraversò il pianoro sottostante alla china, e giunse fino alla capanna del vecchio pastore. Non trovò nessuno; ma il cane cominciò ad abbaiare, e ziu Castigu non tardò ad apparire, avanzandosi rapidamente dal bosco.

« Annesa, che c'è? Sei tu, anima mia? » gridò con voce spaventata. « Che è accaduto? »

« Dov'è? » ella domandò con voce bassa e anelante. « Dov'è? »

Il pastore la guardò da vicino: gli parve che ella fosse invecchiata e impazzita.

« Chi? » domandò.

« Chi? Paulu! » ella disse quasi con dispetto.

« Paulu! E chi lo ha veduto? »

Sulle prime ella credette che il vecchio mentisse.

« Ditemi dov'è! A me potete dirlo, credo! Son venuta per lui: devo parlare con lui. »

« Ma che è accaduto, Anna? Ti giuro che non ho veduto don Paulu. »

Allora Annesa vacillò, parve impazzire davvero.

« Dove sarà? Ma dove? » gridò: e pareva rivolgesse la sua domanda al cielo, alla notte, al destino fatale che la spingeva, sempre ingannandola e prendendosi crudele giuoco di lei.

« Ma che cosa accade, Annesa? »

« Ah, che disgrazia! Io credevo che Paulu fosse qui... nascosto. Lo cercano, ziu Castigu mio, lo cercano! Cercano anche me. Hanno arrestato don Simone, zio

Cosimu Damianu, donna Rachele: e devono arrestare anche Paulu, anche me. Ci accusano di aver assassinato zio Zua. Dov'è Paulu, dov'è? »

Anche il vecchio impallidí e si turbò.

« Mio nipote Ballore venuto qui stamattina, mi raccontò che don Paulu s'era ripreso il cavallo dicendo che doveva andare in campagna. Io non l'ho veduto, purtroppo » disse. « Raccontami tutto: mi pare di sognare. È mai possibile ciò che tu dici? Non sei... malata? »

« No, non sono pazza, zio Castigu. Vorrei esserlo, ma non lo sono » ella disse con disperazione. E raccontò ciò che sapeva dell'arresto dei suoi "benefattori".

« Anche donna Rachele! Anche don Simone! Ma in che mondo siamo? Ma è impazzita la giustizia? E tu, Annesa, tu non sai altro? »

Ella protestò: non sapeva altro. Ma d'un tratto fu riassalita dalla paura; pensò che ella sola era veramente in pericolo, mentre gli altri, innocenti, avrebbero trovato modo di salvarsi; e si aggrappò al vecchio, e gli disse con voce sommessa:

« *Cuademi! Cuademi!* per l'anima dei vostri morti, nascondetemi! Dove sono le grotte? Portatemi là. Bisogna che io stia nascosta, bisogna che nessuno senta la mia voce finché *loro* non sono salvi... »

Gli strinse le braccia, poi si gettò per terra, gli abbracciò le ginocchia, si raggomitolò: pareva gli si volesse nascondere sotto i piedi. Egli la guardò, dall'alto, e un pensiero gli balenò in mente, luminoso e tetro come un lampo.

« Sí, ti nasconderò. Tu sai, però... Hai fatto o hai veduto » disse severo.

« Non so niente: non ho veduto niente. Nascondetemi. Tutti mi hanno consigliato di non lasciarmi arrestare. Nascondetemi, nascondetemi, ziu Castigu! »

« Tutti... » egli insisté. « Chi, tutti? »

« Tutti, tutti, ziu Castigu mio! Ed anche voi non permetterete... no... no... nascondetemi. »

« Ora ti metto subito dentro la mia tasca! » egli disse con impazienza, toccandole una spalla.

Ella tremò tutta. Il vecchio sentí dentro di sé come la ripercussione di quel fremito, e di nuovo intese la verità. Ma piú che orrore sentí una profonda tristezza: e la sua anima semplice e timida d'uomo solitario diventò pietosa ed eroica davanti al dolore della donna piegata ai suoi piedi come un agnello ferito.

« Alzati e vieni con me » disse semplicemente. « Se non sei colpevole non devi temere. »

Ella si alzò, si guardò attorno, e sentí il bisogno di domandargli consiglio: un cuore pietoso, in quell'ora di miseria, valeva piú che tutti gli avvocati del mondo.

« Ziu Castigu, ditemi voi, che cosa devo fare? »

« Tacere, figlia » egli rispose portandosi una mano alla bocca. « Tacere, per il momento. Ora ti nasconderò, secondo il tuo desiderio. E tu resterai là dove ti condurrò, e starai zitta come le roccie, finché non tornerò io. Ti metterò fra due pietre » aggiunse, avviandosi verso la capanna, « ti nasconderò in modo che anche se ti cercheranno come si può cercare una spilla nel mare non ti troveranno certo. Ti porterò da mangiare e da bere: farò il corvo che portava il pane ad Elia. »

Entrò nella capanna e prese un vaso di sughero e un pane d'orzo, poi s'avviò nuovamente verso il bosco. Ella lo seguí: ricordava di aver percorso altra volta quella radura senz'alberi, coperta di cardi secchi e di fieno, di aver veduto altra volta quella linea di bosco che stendeva una nuvola nera sul cielo d'argento.

La luna brillava limpidissima; ma in lontananza cominciavano a salire larghi nastri di vapori luminosi, e quando i due giunsero di là della radura videro, attraverso i tronchi, un mare di nebbia argentea, dal quale emergeva, come uno scoglio azzurro, la piramide di Monte Gonare. Ella trasalí. Sí, era la stessa strada percorsa con Paulu *quel giorno*, il primo del loro amore.

"Noi eravamo in peccato mortale: Dio grava la sua mano sopra di noi e ci castiga" pensò, chinando la testa.

Quando furono sotto la *tomba del gigante*, grande e misteriosa nel silenzio lunare, ziu Castigu prese a salire di pietra in pietra, tirandosi dietro la donna cieca di dolore e di lagrime.

« Perché piangi ancora? Non aver paura, ti dico. vedrai. Cammina piano, bada di non cadere. Gli occhi ce li hai, eh? E buoni, anche. »

Ella sentiva le pietre oscillare sotto i suoi piedi, come allora, e le pareva di dover di momento in momento precipitare in un abisso. Sfiorarono infatti un precipizio: salirono fino alla pietra che sembrava una bara; ridiscesero l'altro versante della cima, e s'inoltrarono fra due muraglie di rupi. La luna allo zenit illuminava lo stretto passaggio; tuttavia il pastore procedeva cauto, sfiorando le muraglie. D'improvviso le rupi s'aprirono; apparve tutto l'altro versante della montagna, e valli e valli e altre montagne e altre montagne ancora: ombre e vapori, e il chiarore della luna rendevano piú fantastico il panorama. Annesa s'asciugò gli occhi e guardò dall'alto: zio Castigu saltò sulla roccia sottostante e l'aiutò a scendere. Di nuovo passarono lungo una specie di gradino sospeso su un precipizio, e finalmente si fermarono davanti all'apertura bassa e larga d'una grotta.

« Qui, vedi, dopo che tu sei entrata, io metterò una pietra e un po' di fronde » disse il pastore. « Nessuno potrà scovarti. »

« Ho paura » disse Annesa.

« Di che hai paura? Solo il diavolo potrebbe scovarti. Andiamo. »

Si chinò e sparve. Annesa, a sua volta, si mise carponi, e il pastore, dall'interno, la prese per le braccia e la tirò dentro.

Ella vide allora non un antro basso e tenebroso come di solito sono le grotte delle montagne, ma una specie di camera formata da roccie mirabilmente collocate. Oltre il buco d'entrata uno spiraglio abbastanza largo per lasciar passare una testa d'uomo, s'apriva fra due macigni; e Annesa vi s'affacciò diffidente. Sotto di sé vide una cascata spaventosa di roccie, precipitante fin quasi in fondo alla valle: qua e là, fra i crepacci delle rupi livide alla luna, nereggiavano ciuffi d'elci e cespugli che parevano chiome selvaggie di mostri pietrificati. Un chiarore vago penetrava dall'apertura; tuttavia zio Castigu accese un fiammifero, lo sollevò, lo abbassò; allora Annesa distinse, in fondo alla grotta, un avanzo di cenere, e accanto a questo segno di passaggio umano una pietra addossata alla roccia. Altre creature erano dunque passate in quel luogo di mistero, portandovi e lasciandovi qualche cosa del loro dolore e della loro paura. Ed ella sedette sulla pietra, come su un trono di espiazione, e quando il pastore se ne fu andato, le parve di non restare completamente sola, poiché col piede sfiorava l'avanzo d'un fuoco che aveva illuminato un dolore o un errore simile al suo.

Le ore passarono. Ella pensava:

"Sí, sí, non sono io sola colpevole. Quanti altri, uomini e donne, hanno peccato, hanno commesso delitti, hanno fatto del male. E non tutti sono castigati come lo sono e lo sarò io. Perché questa sorte a me, perché questa sorte?"

Ma era già quasi rassegnata: sapeva ciò che doveva fare. Aspettare: null'altro. Zio Castigu le darebbe un consiglio. E se occorreva presentarsi alla giustizia, ella si sarebbe presentata. E poi? Non poteva piú pensare al poi; era stanca, il sonno la vinceva; ma le pareva di non poter dormire, su quella pietra, dentro quel nascondiglio dove altri assassini, altri malfattori avevano portato la loro ansia, il loro anelito di belve sanguinarie inseguite da cacciatori implacabili.

"Come posso dormire, qui, mentre i miei benefattori sono anch'essi rinchiusi in una tana peggiore di questa?" pensava, e dimenticava subito questa domanda, e le pareva che la pietra si movesse, l'apertura si spalancasse, e una figura barbuta apparisse dietro la roccia.

Allora cercava di muoversi, ma non poteva; poi dimenticava tutto, rivedeva la nebbia argentea, in fondo al bosco, la piramide di Gonare, la tomba del gigante.

Cosí le parve di non dormire; ma d'un tratto, dopo aver veduto mille cose strane e aver viaggiato e corso affannosamente su per montagne paurose, spalancò gli occhi e rabbrividí.

L'alba violacea rischiarava il nascondiglio. Ella si alzò e guardò dall'apertura. Silenzio profondo. Il cielo era velato: larghe striscie di nebbia bianca che parevano fiumi, solcavano qua e là le valli e i monti.

Dalla profondità del burrone salí uno strido lamentoso: ella si ritrasse, sedette di nuovo, pietra fra le pietre, e attese: e come nel sogno aveva creduto di muoversi e di vedere cose reali per quanto spaventose, ora, nella realtà, credeva di sognare.

Immagini vaghe e confuse le passavano davanti agli occhi smarriti: in un profilo della roccia dell'apertura le pareva di riconoscere il profilo grigiastro della sua vittima. Il vecchio era vivo ancora, ancora sano, e stava seduto di fuori della porta di casa, assieme con don Simone e con zio Cosimu: e con la sua voce dispettosa raccontava le sue avventure di guerra.

"... Ecco, ad un tratto, un tamburo rullò; poi un altro, poi mille... parve il finimondo, il giorno del giudizio universale, quando Gesú Cristo scenderà a *piedi in terra* e le montagne si spaccheranno. Tutti furono in piedi, come anime pronte al giudizio..."

Annesa, seduta sul limitare della porta, ascoltava e provava un vago sentimento di terrore. Ella non credeva in Dio, non credeva nel giudizio universale: ma le parole del vecchio la spaventavano.

Finalmente ziu Castigu ritornò.

« Ehi, bandita » disse scherzando, mentre penetrava carponi nello speco, e spingeva avanti a sé un recipiente chiuso « ecco i soldati! »

« Zio mio » supplicò Annesa, premendosi le mani sul petto « non parlate cosí; non è tempo di scherzare. Ditemi, ditemi... »

Egli si sollevò e le porse il recipiente che era colmo di latte coagulato.

« Ditemi... ditemi... »

« Don Paulu non è stato ancora arrestato, ma lo cercano da per tutto. Cercano anche te; hanno perquisito tutte le case del vicinato, la casa di zia Anna, la casa di prete Virdis, la casa di Franchisca Perra. »

Annesa ascoltava, con gli occhi spalancati, come svegliata di soprassalto da un sonno profondo.

« Dove sarà Paulu? Dove credete che sia? »

« Eh, colomba, l'ho dentro la mia saccoccia » disse il pastore, mettendosi una mano in tasca. « Che posso saper io? Bevi un po' di latte. Mangia questo pezzo di pane. »

« Raccontatemi » ella insisté. « Siete stato laggiú? »

« Sono stato laggiú: ho parlato con prete Virdis. Egli crede che non risulterà nulla, poiché *vi* ritiene innocenti tutti. Oggi arriveranno due medici da Nuoro, per la perizia medica del cadavere. Se niente è accaduto niente risulterà. Fra qualche ora verrà su mio nipote Ballore che mi porterà notizie. Tornerò. »

Ella mise il latte e il pane sulla roccia e non mangiò.

Con le mani in grembo, gli occhi fissi in lontananza, stette di nuovo immobile, ma non sognò piú.

"Se niente è accaduto niente risulterà."

Potevano ben sperare, gli altri: ella non sperava piú.

"*Essi* mi cercano, mi cercano" pensava, con raccapriccio quasi fisico, "e finiranno per trovarmi, qui od altrove. È forse meglio che io vada. Che aspetto? *Egli*, il vecchio, egli oramai parlerà: dirà il segreto ai medici sapienti. Lo hanno dissotterrato per questo. Egli parlerà, egli parlerà."

E sentiva di odiarlo ancora.

"Mi cercano, mi cercano. Mi hanno cercato anche là, dalla vecchia zia Franchisca. Povera vecchia, che penserà di me?"

Rivedeva allora la figura d'una vecchia inferma, alla quale spesso ella portava da mangiare e ripuliva la stamberga miserabile. Era una vecchia buona e paziente, quanto l'asmatico era dispettoso e cattivo; ogni volta che Annesa le portava da mangiare, le baciava la mano e piangeva di riconoscenza.

"S'egli fosse stato cosí!" pensava la disgraziata. "E ora che dirà zia Franchisca? Ella piangerà d'orrore ricordandosi d'aver baciato la mia mano."

Piú tardi, arsa dalla sete, bevette un po' di latte, e incoraggiata dal silenzio profondo del luogo sporse la testa fuori dell'apertura e guardò a lungo sul precipizio. Era un giorno velato e caldo: le montagne calcaree della costa sembravano vicine; nella grande vallata si distingueva nettamente ogni strada, ogni macchia, ogni filo d'acqua, ma sul versante della montagna ondulavano ombre e vapori, simili a grandi veli distesi sulle roccie; lo strido lamentoso che ella aveva sentito fin dall'alba saliva piú acuto e distinto, e pareva un sibilo umano.

Ed ella cominciava a crederlo veramente il grido di qualche pastore, quando distinse due nibbi che avevano fatto il nido fra le roccie. I due uccelli si inseguivano volando d'albero in albero, giú in fondo al burrone; ma d'un tratto il nibbio maschio volò in alto, fece come un giro di esplorazione, ripiombò giú e riprese a svolazzare intorno alla compagna che lo richiamava col suo strido lamentoso, d'una tenerezza selvaggia.

Poi i due uccelli in amore salirono fino all'elce vicino allo speco; e il loro strido di piacere parve animare tutta la solitudine del grande paesaggio austero.

E Annesa ripensò al suo amante, nascosto come leı in luogo ignoto, e sentí tutta l'angoscia del bene perduto.

"Mi condanneranno, mi porteranno lontano lontano, in una reclusione oscura."

Là ella avrebbe ricordato il suo Paulu come gli angeli maledetti ricordano il Signore. E piú nulla, piú nulla di lui ella avrebbe posseduto; forse neppure il pensiero, perché egli non poteva certo pensare a lei, assassina.

"Perché ho fatto questo?" si domandò cadendo in ginocchio. "Dio disse: non ammazzare, non fornicare.. Io ho chiuso gli occhi alla luce di Dio, e sono caduta come cadono tutti coloro che non guardano dove passano."

E di nuovo pianse e batté la fronte sulla roccia; ma già una luce vaga la richiamava verso un punto lontano, e la guidava come la luce del faro richiama e guida il navigante attraverso le tenebre e l'ira feroce del mare in tempesta.

VIII

Zio Castigu ritornò solo verso il tramonto: Annesa s'accorse che egli era serio e turbato.

« Lo hanno preso? » domandò.

« Si è costituito. Ha fatto male! »

Ella diventò livida in viso, ma si animò febbrilmente.

« Perché male? Credete forse ch'egli sia colpevole?

Anche voi lo credete? Ebbene, vedremo, allora, quando i medici faranno la perizia e il morto parlerà. Vedremo se il vecchio è stato bastonato, vedremo cosa dirà. »

« Annesa, tu vaneggi; fammi sentire il polso: tu hai la febbre. Tu non hai toccato cibo; perché? »

Egli le strinse i polsi e la guardò fisso: anche lei lo fissava, coi grandi occhi beffardi e tristi, chiari di debolezza e d'angoscia; liberò le sue mani dalle mani di lui, gliele mise sul petto, lo respinse, e cominciò a gridare:

« Anche voi li credete colpevoli? Voi, voi, miserabile, voi che avete mangiato il loro pane, che avete dormito nella loro casa? Chi piú crederà dunque alla loro innocenza? »

« Calmati, donna » disse zio Castigu, agitando le mani. « Tu sei arrabbiata e hai ragione, ma non prendertela con me. Sentimi, invece: ragioniamo un poco. Nessuno piú di me crede all'innocenza dei miei padroni: io ho pianto tutta la notte, vedi, ed anche tutto il giorno: ho pianto sulla loro sorte come si piange sui morti. Ascoltami, figlia: io direi una cosa; tu dovresti parlare con prete Virdis. »

Ella si calmò, si rimise a sedere sulla pietra, e non rispose: anzi strinse le labbra, come per impedirsi di parlare involontariamente. L'uomo le mise una mano sulla testa.

« Cosa dici, Annesa? Io direi... »

Ella fece cenno di no.

« Prima gridavi, ora stai troppo zitta: è vero, io stesso ti dissi di tacere come le pietre. Ma da ieri ad oggi molte cose sono accadute. »

« Né ieri, né oggi, né mai io ho da dire niente a nessuno » ella gridò con voce rauca. « Perché volete che parli col prete? »

« Cosí, per combinare sul da farsi. »

Ella scosse ancora il capo.

« Ad ogni modo io, stanotte o domani mattina scenderò in paese, e saprò qualche cosa. »

« Non dite ch'io sono qui. Mi avete accolta: non mi tradirete. Sarebbe il tradimento di Giuda. »

« Alle tue parole neppure rispondo! » egli disse sdegnosamente: poi s'intenerí, le toccò la fronte, avvicinò a lei il recipiente del latte. « Tu hai la febbre: senti, ti lascio qui il mio cappotto, poi ti porterò un sacco. Non temere; qui sei sicura come eri sicura nel ventre di tua madre. »

Nonostante queste parole ella non si sentiva sicura. Se mai, le pareva di trovarsi nel ventre di un mostro di pietra, o dentro una tomba di roccia simile alla tomba che chiudeva il gigante morto. Anche lei era stata condotta là dentro dall'astuzia e dalla malignità della sua misera sorte. Ma finché poteva, voleva ribellarsi e combattere.

"Zio Castigu ha indovinato tutto" pensava "e vuole farmi confessare, vuol farmi dire tutto al prete. Ma io non voglio... non ancora."

E un'altra notte di febbre e di angoscia passò. Ella si sentiva sfinita: le pareva che le pietre la schiacciassero, e si domandava se la reclusione era cosí, un nascondiglio per tutta la vita. Le smanie della febbre la incitavano a fuggire; incubi paurosi la soffocavano: le pareva di trovarsi sotto una coperta nera, e sopra c'era la vittima, e piegati su lei i tre dottori che mormoravano parole strane. Fuggire, fuggire! Ma dove andare? Tutto il mondo, oramai, era per lei un luogo di pericolo e di affanno.

Sorse di nuovo il giorno e di nuovo tramontò. Le notizie che portava zio Castigu erano sempre tristi: non si sapeva nulla della perizia medica, né dei lunghi interrogatorii coi quali il pretore tormentava gli accusati.

« Domani, forse, i miei padroni saranno condotti nelle carceri di Nuoro. Pensa, Annesa, pensa! » disse zio Castigu, giungendo le mani con disperazione. « Don Simone Decherchi e donna Rachele legati e messi su un carro come volgari malfattori. Anche le pietre piangeranno. »

« Che fare? » ella domandò.

« Che fare? » ripeté il vecchio.

Si guardarono disperati: poi ella proruppe:

« Ma i parenti, che fanno? Perché non si muovono e non cercano degli avvocati? »

« I parenti? *Gente tua, morte tua!* Nessuno si è mosso. Solo prete Virdis cerca di aiutarli. Ma che può fare? Vedi, donna, io sono quasi tentato di accusarmi del delitto, per salvar loro. »

« Direbbero che siete stato soltanto complice » ella disse con tristezza.

La sera del terzo giorno l'uomo semplice che non possedendo altro voleva sacrificare la sua libertà per gli amati padroni, penetrò nel nascondiglio e sedette accanto ad Annesa.

« Che avete da raccontarmi? » ella domandò subito, con voce sempre piú cavernosa. « Che c'è di nuovo? »

« C'è questo: tutti dicono che tu dovresti presentarti alla giustizia. Se ella si nasconde, dicono, ella deve sapere qualche cosa. Anche prete Virdis è di questo parere. È stato lui a consigliar Paulu a costituirsi, e vorrebbe che anche tu ti presentassi. »

« Che sa lui di me? »

« Annesa, egli sa che io ti vedo... »

« Voi, voi mi avete tradito » ella gridò, alzandosi. « Giuda, Giuda, peggio ancora di Giuda. Voi avete tradito una povera donna. Ora non vi resta che legarmi e consegnarmi alla giustizia. »

« Non vaneggiare » riprese il vecchio, calmo e triste. « Sentimi. Io non ti ho tradito: io sono andato da prete Virdis, perché è la sola persona che si cura dei nostri poveri padroni e vuol salvarli a tutti i costi. Tu sai che egli, a sue spese, ha fatto venire da Nuoro un avvocato. Tu sai che è stato lui a consigliare Paulu di presentarsi alla giustizia. Egli mi disse: "Darei dieci anni di vita per poter parlare con Annesa: ella sola, forse, può salvare i suoi benefattori. Il loro destino è nelle sue mani come un giocattolo nelle mani di un fanciullo". Annesa, figlia del Signore, ascolta la parola di due uomini onesti. Né io, né prete Virdis abbiamo mai commesso una cattiva azione: e non vogliamo cominciare a commettere il male, perseguitando una donnicciuola sventurata. Del resto, tu dici che non pensi ad altro che a salvarli: e questo è il nostro scopo. Bisogna salvarli, Annesa: bisogna salvarli. »

Ella piangeva, con la testa appoggiata alla roccia. Sentiva che il vecchio aveva ragione. Che aspettava ancora? Tre giorni erano trascorsi, ed ella non aveva fatto niente, ella non aveva tentato niente per *loro*: bisognava muoversi, vincere l'istinto selvaggio che la costringeva a nascondersi come una bestia ferita.

« Se tu hai paura di ritornare al paese, prete Virdis verrà qui. Del resto nessuno ti costringe a fare quello che non vuoi. Hai pure una coscienza, Annesa: che ti consiglia? »

« Ebbene, non devo dirlo a voi! » ella rispose, sollevandosi con fierezza. « Fate pure venire il prete. »

Il loro incontro avvenne nel portico della chiesetta.
Era quasi notte ancora; la luna saliva sull'orizzonte d'un azzurro cinereo, solcato di nuvole scure, ma ad oriente si distingueva già il mare, bianco e vaporoso: sarebbe parso un crepuscolo serale se qua e là nel bosco silenzioso, la rugiada non avesse rese lucide e umide le foglie.

Prete Virdis era venuto su a piedi, ed era anche caduto facendosi male a una mano. Pazienza: egli era abituato a questi piccoli incidenti. Se camminava a piedi, specialmente di notte, cadeva in malo modo; se montava a cavallo, il cavallo scivolava, o qualche ruvida fronda d'elce graffiava il viso del prete, o gli portava via la parrucca. I maligni, i miscredenti, dicevano che queste piccole disgrazie accadevano a prete Virdis dopo che egli aveva pranzato o cenato: fatto sta, però, che questa volta egli non aveva né pranzato né cenato, eppure, nonostante il chiaror della luna e la valida compagnia di zio Castigu, era caduto egualmente.

Annesa lo trovò seduto sulla muriccia, sotto il portico, con la sottana sollevata fin sulle ginocchia e la mano fasciata col solito fazzoletto rosso e turchino. Egli pregava a voce alta e guardava in lontananza, verso l'orizzonte di là della radura, dove la luna saliva pallida e melanconica.

Quando Annesa apparve, egli la fissò coi suoi piccoli occhi grigi, ma parve non vederla, perché continuò a pregare. Anche lei lo guardò con stupore: egli sembrava un altro; era meno gonfio del solito, col viso pallido, quasi bianco, cascante; e intorno al suo mento, dagli angoli della bocca in giú, si disegnavano due nuove rughe, profonde. Sembrava un uomo disgustato e addolorato, ma d'un disgusto e di un dolore ingenui, di bambino infelice.

« Va bene » disse a un tratto, raccogliendo entro il pugno il suo piccolo rosario nero, « eccoci qui! Avanti, siediti qui. »

Annesa prese posto accanto a lui, sulla muriccia; e da quel momento non si guardarono piú, entrambi con gli occhi fissi fuori del portico, verso quella lontananza triste ove la luna impallidiva e il cielo pareva coperto di veli che uno dopo l'altro cadevano lentamente dietro le ultime montagne dell'orizzonte.

Annesa disse:

« Mi dispiace che lei sia venuto quassú. Si è fatto anche male? Ah, se avessi saputo! Ma fino a ieri sera ho avuto paura; sono una debole donna, prete Virdis, mi perdoni. Stanotte però ho pensato ai casi miei, e sarei ritornata in paese, se zio Castigu non mi avesse detto di non muovermi dal luogo ove ero nascosta. Voglio presentarmi alla giustizia, giacché vogliono arrestare anche me. »

« Raccontami ogni cosa, per filo e per segno » pregò il vecchio prete; « raccontami tutto. »

Ella raccontò come era fuggita.

« Non questo solo. Raccontami come è avvenuta la morte del vecchio. »

« Ma ella lo sa già... »

« Non importa. Racconta. »

Ella riprese a parlare, con la sua voce assonnata e fredda: ripeté quanto aveva detto ai suoi "benefattori".

« Questa è la pura verità. La mia colpa è di non aver subito chiamato, appena il vecchio è morto. »

Prete Virdis ascoltava e respirava forte, quasi ansando. Ella non lo guardava, ma sentiva quel respiro d'uomo stanco, e le pareva che egli s'interessasse poco a ciò che ella diceva.

« Tu non dici la verità, Annesa » egli osservò, finalmente, senza muoversi, con le spalle e la testa sempre appoggiate al muro. « Ed io sono qui per sentire la verità, non per altro. »

Ella non rispose.

« Sentimi, Annesa. Io non sono né un giudice né un confessore. Il giudice saprà farti dire la verità tuo malgrado, perché questa è la sua arte: te la strapperà di bocca come un dente cariato, e tu neppure te ne accorgerai. Al confessore ricorrerai da te, quando vorrai. Io qui sono soltanto un uomo: un uomo che ama i suoi simili e vorrebbe aiutarli. Se tu vedi un povero vecchio caduto per terra vuoi sollevarlo, vero? Se non lo facessi ti parrebbe d'essere non una creatura umana, ma una bestia senza ragione. Basta, lasciamo le prediche. Volevo dirti soltanto che voglio aiutare i tuoi benefattori a sollevarsi dalla loro caduta: e tu devi aiutarmi. »

« So tutto questo; e sono pronta. Che devo fare? Non ho finora seguito i consigli degli amici dei miei benefattori? Mi hanno detto di nascondermi e mi sono nascosta: mi han detto di tacere e l'ho fatto. »

« Ebbene, ora parlerai. Dirai la verità. Null'altro. »

« L'ho detta... l'ho detta... » ella insisté.

Allora egli abbassò la voce.

« No, Annesa, tu non l'hai detta. Io però la so, e la so prima di te, da lunghi e lunghi anni, e l'ho veduta crescere assieme con te, ed è una verità spaventosa; è come un serpente, che è cresciuto con te, che si è avviticchiato a te, al tuo corpo, alle tue braccia, al tuo collo, e forma con te una stessa cosa. Donna e serpente. Una stessa cosa che si chiama Annesa. »

« Prete Virdis » ella disse, spalancando gli occhi, e alzando la voce, tra offesa e spaventata, « non parli cosí! Che ho fatto, io? »

« Che hai fatto? Tu lo sai, senza che io te lo dica. Sai appunto la storia del serpente, che morsicò e avvelenò l'uomo che l'aveva raccolto nel suo seno. Basta, ripeto, non voglio far prediche: una sola cosa ti dico: Paulu è corso a rifugiarsi da me, quando qualcuno lo avvertí del pericolo. Io lo accolsi come zio Castigu accolse te. Nell'ora del dolore m'ha detto tutto. »

« Ebbene, che può averle detto? Che ci siamo amati. Ma non sono stata sempre al mio posto, io? Che ho fatto di male? »

« Ecco il serpente che parla! Che hai fatto di male? Hai peccato, null'altro? Ti par poco? »

« Ebbene, sia pure: ho peccato. Ma il male l'ho fatto a me stessa soltanto. »

« Ma tu non dovevi farlo a te stessa, il male: a te stessa meno che agli altri. Dio ti ha dato un'anima pura, e tu l'hai insozzata e tu la vuoi ripresentare al Signore come uno straccio lurido. Tu ti sei calpestata, ti sei coperta di fango, ti sei trattata come la tua peggiore nemica. »

« È vero. È vero. »

« Questo è il tuo maggiore delitto. Dio ti aveva dato un'anima umana e tu l'hai deformata, a poco a poco, anzi hai fatto peggio ancora, l'hai uccisa l'anima tua, l'hai soffocata, e l'anima tua si è imputridita entro di te come un cadavere in una tomba; e ti ha corrotto e ti ha reso immonda. Sepolcro imbiancato: che di fuori par bello alla gente e dentro è pieno d'ossa e di putredine. »

« Prete Virdis! Prete Virdis! » ella gemette, portandosi le mani al viso.

« Lasciami continuare. Se ti parlo cosí è perché so che mi capisci. Un'altra donna non mi avrebbe capito, ma tu sei diversa dalle altre, tu sei intelligente e forse hai già detto a te stessa, molte volte, quello che io adesso ti ripeto. Ricordati, Annesa, quante volte ti ho sgridato perché non venivi alla messa, perché non ti accostavi piú a Dio. Sono anni e anni che tu hai smarrito la giusta via, e io ti seguivo, o meglio aspettavo il tuo ritorno. Ah, ma non credevo che tu cadessi cosí ciecamente nell'abisso. Chi può salvarti, ora? »

Ella non rispose. Le parole del vecchio prete erano semplici, rozze, anche comuni: egli del resto gliele aveva dette altre volte; ma il suo accento era grave, convinto, e nella sua voce vibrava, piú che il rimprovero, la pietà, e piú che la pietà una infinita tristezza. E ogni sua parola cadeva nel cuore di Annesa come pietra dentro una palude, stracciando il velo torbido e fetido della superficie melmosa.

« Dio solo può salvarti » egli continuò sempre piú abbassando la voce. « Tu hai commesso una colpa dopo l'altra perché questo è il destino di chi si mette sulla via dell'errore. Solo i morti non possono sollevarsi: i vivi cadono e si rialzano, i malati possono guarire. Annesa, poco fa ho detto che la tua anima è morta, ma ho detto male, poiché l'anima non muore; ma è malata, l'anima tua, e d'un male pestilenziale, d'un morbo che avvelena l'aria intorno. Cerchiamo di guarirla. Anna, rispondi alla mia domanda: credi tu piú in Dio? Non rispondi? Ti ripeto: io non sono ora né il tuo confessore né il tuo giudice: sono il tuo medico. »

« Non so » rispose Annesa. « È vero; da molti e molti anni non credevo piú in Dio, perché troppe sventure cadevano sulla *nostra* famiglia, come fulmini sullo stesso albero. Troppo, troppo! E i miei benefattori sono gente onesta, timorosa di Dio. Perché dunque il Signore li martoriava e continua a tormentarli tanto? In questi giorni, però, ho pensato a Dio, qualche volta: e ora penso che ella ha ragione, prete Virdis, ma io non sono malvagia come lei crede; io ho fatto male a me stessa, è vero, ma l'ho fatto per far del bene agli altri. E sono pronta ancora, le ripeto: mi dica che cosa devo fare. Devo accusarmi d'aver ucciso il vecchio? Sono pronta. Dirò: lo odiavo e l'ho ucciso; legatemi, buttatemi nella reclusione nera come si butta una pietra in un pozzo, e che di me non si parli piú. Ma mi crederanno? »

« Non ti crederanno perché questa non è la verità. Tu non devi parlare cosí, no, no! Questa non è la verità. »

« Ah » gridò allora Annesa, con voce aspra. « Qual è dunque la verità? Che si vuole da me? Me lo dica lei, prete Virdis. »

« Sicuro, te lo dirò io. Ecco, tu devi parlare cosí: "Sono io sola la colpevole; io, io che ho ucciso non per odio, non per amore, ma per interesse. Io sono il serpente e la donna, e ho strisciato anni e anni intorno all'albero del frutto proibito, e ho indotto l'uomo debole a peccare con me. E quando mi sono stancata del peccato della carne, ho rivolto i miei desideri ad altre cose: ho detto a me stessa: voglio avvincere a me l'uomo con altri lacci...". »

« Non capisco, non capisco niente » ella mormorò. « Me lo dica con altre parole. »

« Insomma, ecco tu devi dire cosí: "Ho ucciso il vecchio in modo da far credere, se il delitto si scopriva, che Paulu era il colpevole e io sua complice. Di questo delitto volevo farmene un'arma e un laccio contro Paulu, per tenerlo sempre avvinto a me...". »

« Io devo dire cosí? E sarò creduta? »

« Certo, perché è la verità. »

Ella balzò in piedi, rigida, livida, con le mani contratte: i suoi occhi si spalancarono, si fissarono sul prete, con uno sguardo vitreo e feroce.

« Prete Virdis » balbettò, « è Paulu che le ha detto questo? È lui, è lui? Voglio saperlo subito: mi dica subito che non è vero. Se no... io... »

Il prete non si mosse, e neppure la guardò. Ma con voce alta, che pareva ironica ed era triste, ben diversa dalla voce tenue e pietosa con la quale aveva fino a quel momento parlato, domandò lentamente:

« Se no? Mi farai quello che hai fatto a Zua Decherchi? »

Allora ella credette di capire una cosa spaventevole: che il prete avesse paura di lei, come di una bestia, come di un cane idrofobo, e che cercasse di colpirla cautamente, fingendo di non temerla: e in quel momento intese tutto l'orrore del suo delitto, e le parve di essere davvero simile al serpente al quale prete Virdis l'aveva paragonata.

« Mi guardi, prete Virdis, mi guardi, in nome di Dio! » disse rauca e anelante, mettendosi davanti a lui e costringendolo a guardarla. « Ripeta se crede in sua coscienza a quanto ha detto. Se lo crede lei, prete Virdis, se lo ha creduto Paulu... lo crederò anch'io... Crederò d'essere al di sotto delle bestie feroci, crederò d'essere simile al maiale che divora il bambino nella culla. Lo dica, ma lo dica! Lo ripeta. Se me lo ripete un'altra sola volta io non esiterò; correrò giú, in paese, mi inginocchierò davanti alla porta del carcere e supplicherò che mi venga aperta, questa porta, che mi venga spalancata come la porta d'una chiesa. »

Il prete aveva sollevato la testa, e guardava la disgraziata con occhi pietosi, ma anche investigatori. Gli occhi disperati di lei, il suo viso invecchiato, la sua esile persona vibrante, non erano gli occhi, il viso, la persona d'una delinquente astuta e feroce.

« Calmati, Anna » le disse, sollevando la mano fasciata, « può darsi che io mi sia ingannato: siamo tutti soggetti all'errore. E ora sentimi. Riprendi il tuo posto e ascoltami. Paulu, come ti dissi, rimase da me una notte, nascosto cosí bene che i carabinieri nella loro perquisizione non poterono trovarlo. Quando si fu tranquilli si parlò a lungo. Egli mi confidò tutto; mi disse d'essere tornato la sera prima e di aver avuto un colloquio con te, mentre il vecchio dormiva. Egli ti disse di aver trovato i denari, e ti confidò i suoi progetti per l'avvenire. E promise di sposarti: ma tu non l'hai creduto, tu hai espresso il timore che egli, andandosene, ti dimenticasse. E dopo questo convegno, il vecchio morí: non si potrebbe dunque credere che tu abbi commesso il crimine per impedire a Paulu di partire? »

« Ma Paulu che cosa diceva? Che cosa? » ella domandò.

« Egli ti crede innocente. Almeno lo dice. »

« Prete Virdis » ella disse allora, coprendosi gli occhi con una mano, « lei mi ha giudicato come i fanciulli giudicano le streghe: peggiore di quello che sono. Il vecchio era morto quando Paulu tornò. Ebbene, sí » riprese dopo un attimo di silenzio, scoprendosi gli occhi e alzando la voce, « le dirò tutto, prete Virdis: l'ho ucciso perché credevo di salvare Paulu. E Paulu passò di fuori e non mi avvertí: e la stessa sorte, che mi portò in questo paese maledetto, mi costrinse a diventare quello che sono diventata. L'ho voluto io, forse? No, no, prete Virdis, io ho fatto strazio di me perché cosí ha voluto la sorte. Io avrei voluto essere una donna come tutte le altre; avere un padre, una madre, vivere onestamente. Perché Dio, se è vero che c'è, ha voluto altrimenti? »

« Dio ti ha dato la ragione, Annesa: non senti tu, in questo momento, che hai la ragione e che la tua sorte te la sei creata da te? Perché non hai ragionato sempre come ragioni ora? Ecco, perché credevi d'essere padrona di te stessa e di far di te quello che volevi: tutto ti sembrava permesso perché non avevi padrone. Ed ora, ora che ti accorgi d'essere invece schiava di quella che tu chiami la sorte, ora ti lamenti. E non ti accorgi, Anna, non ti accorgi che chi ti guida è Dio. »

« Dio! Non lo dica, prete Virdis! *Egli* non avrebbe voluto la morte del vecchio. »

Prete Virdis cominciò a irritarsi e a sbuffare.

« Tu non puoi giudicare i decreti di Dio. Vuol dire che l'ora del vecchio era giunta, e non spetta a noi giudicare la sua sorte. Pensa a te, Anna; la tua ora non è ancora arrivata, e non importa il modo col quale essa arriverà: che tu muoia in un modo o nell'altro non devi preoccupartene. Pensa solo a comparire davanti al Signore con l'anima guarita da ogni male. »

« Che devo fare? Sono pronta ad accusarmi » ella disse con slancio, « e dirò tutto quello che lei vorrà. »

« Quello che vorrò io? Che c'entro io? Tu dirai la verità, ripeto; null'altro. »

« Ma mi crederanno? » ella ripeté, riassalita dai suoi dubbi. « Non diranno che io sono stata complice soltanto? Io ho sempre fatto male quello che ho fatto, prete Virdis! Non vorrei ancora nuocere... a loro. »

Non osava piú chiamarli i suoi "benefattori".

Il prete scosse la testa: guardava fuori, con occhi

tristi, e pareva dicesse di no ad una persona lontana.

« Tu non mi hai ancora capito, Anna. La verità, la verità! Ecco tutto. Bisogna dire la verità, e non preoccuparsi d'altro. Sarai castigata, o non lo sarai? Soffriranno ancora gli altri, per causa tua? Tutto questo non importa. Importa soltanto che tu vada dritta per la tua via. »

« Farò quello che lei mi consiglierà » ripeté Annesa.

Ma egli parve non sentirla: si alzò, fece una smorfia di stanchezza e di sofferenza, e continuò a guardar lontano.

« Oh, e adesso non si trattta solo di questo » riprese. « Il maggior castigo, Annesa, devi importelo da te. Vedi, il Signore non è crudele come son crudeli gli uomini. Egli dice a colui che è caduto: sollevati e bada di non ricadere. Egli dice a te, Annesa: donna, ti ho aperto gli occhi, ho sgombrato la tua anima dalle tenebre come all'alba sgombro il cielo dai vapori notturni. Cammina, e non peccare mai piú. »

Ella sospirò e giunse le mani.

« Non peccare piú. Non peccare piú. »

Le ultime parole del prete la turbarono piú che le minacce. e i paragoni coi quali egli aveva infiorato il suo discorso.

« Non peccare piú... » ripeté. « Ci ho pensato tanto in questi giorni, prete Virdis! Ho pensato che non voglio piú peccare: non voglio piú ingannare nessuno, non voglio piú far del male a nessuno. »

« Va bene, va bene! »

« Se sarò condannata... »

« Aspetta ancora! Aspetta ancora! » egli disse, con impazienza, sollevando la mano fasciata. « C'è tempo. Forse le cose andranno meglio del come pensiamo. Pensa intanto all'anima tua. »

Ed egli continuò a parlare, ripetendo che la vita è breve e piena d'inganni, e che la nostra sola felicità consiste nel credere a un'altra vita, eterna, a un mondo ove tutto è vero, tutto è puro, e dove la giustizia è diffusa come l'aria intorno alla terra; ma Annesa, oramai, non aveva più bisogno di ascoltare sermoni: una voce interna le mormorava parole di conforto e le indicava la via da tenere.

Egli le disse:

« Perché la tua presenza non provochi inutili chiacchiere, tornerai in paese stasera, che nessuno ti veda. Verrai a casa mia, e combineremo sul da farsi. Intanto io celebrerò qui la messa secondo la tua intenzione. Ho portato con me la particola. »

Chiamarono zio Castigu, che aveva in consegna la chiave della chiesetta, e aprirono. Il sole non era spuntato ancora, ma l'oriente brillava già, tutto d'oro rosso, e questa vivida luce d'aurora penetrava dal finestrino della chiesetta e indorava le pareti polverose. Tutto era umile e dolce là dentro; la Madonnina, con l'abito giallo scolorito, col suo bambino paffuto e sonnolento, pareva una piccola madre mendicante che si fosse ritirata in quell'eremo per cibarsi di ghiande e vivere coi poveri pastori della montagna. Né quadri, né statue, ornavano le pareti: molti topi, invece, fuggirono davanti a zio Castigu, quando egli aprí la porta; e prete Virdis, che aveva una infantile paura dei piú innocui animaletti, si spaventò e parve provar piú orrore per quel piccolo esercito fuggente che per i peccati di Annesa.

« Non abbia timore » disse zio Castigu. « Sono topi selvaggi. Si figuri, prete Virdis mio, l'altro giorno lasciai qui una bisaccia colma di pane e di formaggio, ed essi rosicchiarono la bisaccia, ma non toccarono né il pane né il formaggio. Si vede che non ne avevano veduto mai. »

Prete Virdis tuttavia procedé cauto, e si lasciò vestire dal pastore che trovò, in fondo a una cassa posta dietro l'altare, un camice e una pianeta rosicchiata appunto dai topi selvaggi. Mentre per accendere l'unico cero dell'altare zio Castigu adoprava l'acciarino e l'esca, Annesa vide il prete guardarsi intorno inquieto.

« Non abbia paura » disse il pastore, « suonerò il campanello per farli scappare. »

La messa cominciò: niente di piú pittoresco e comico di quel grosso ufficiante dalla pianeta bucata, e del vecchio preistorico che assisteva la messa suonando ripetutamente il campanello come per far scappare un popolo di spiriti maligni.

In fondo alla chiesetta deserta, sulle cui pareti la polvere e i fili dei ragni diventavano sempre piú rosei e dorati al riflesso dell'aurora, Annesa mormorava brani di preghiere dimenticate, e di tanto in tanto si piegava e baciava il pavimento con passione e furore. Non erano la fede e il timor di Dio che la piegavano fino a terra e le facevano baciar la polvere con un sentimento di amore, piú che di umiliazione; tuttavia la sua anima piangeva e clamava, e la sua persona pareva contorta da una specie di furore religioso.

Zio Castigu scampanellava. L'unico cero, sull'altare melanconico, guardava col suo occhio d'oro, immobile: d'un tratto però la fiammella si allungò, si mosse, diventò una piccola lingua giallognola e parve dire qualche cosa al bambino sonnolento che la guardava fisso.

Annesa rimase tutto il giorno nella chiesetta. Continuava a mormorare preghiere, ma pensava ad altre cose.

"Mi condanneranno a trent'anni di reclusione" pensava. "Forse morrò prima di finirli. Forse mi condanneranno a vent'anni. Quando ritornerò sarò vecchia ′ che farò? Vivrò d'elemosine. Forse nella reclusione potrò lavorare, potrò accumulare qualche piccola somma. Matteu Piras, che rimase quindici anni nel reclusorio di Civitavecchia, portò a casa, quando ritornò, quattrocento scudi e mise su un bel negozio. E Paulu che dirà? Che farà? Mi aiuterà? Mi rinnegherà? Faccia egli quel che crede: io farò il mio dovere. Sarò buona, sarò buona, Dio, Dio mio."

E piangeva, pensando a Paulu, ma non piú con lagrime di vergogna e di disperazione: poi si proponeva di non pensare oltre a lui: le pareva di peccare ancora, ricordandolo; e non voleva peccare mai piú. E Gantine? Che farebbe, che direbbe Gantine? Egli era giovane, leggero: si sarebbe presto confortato.

Verso mezzogiorno zio Castigu batté alla porta. Ella uscí nel portico, mangiò un pezzo di pane d'orzo e un po' di latte coagulato, e scambiò qualche parola col pastore.

« Sei ferma nel tuo proposito? » egli le domandò. « Vai giú stasera? Vuoi che ti accompagni? »

« Non occorre: non ho paura. »

Egli la guardava. Ella era pallida, ma aveva ripreso la sua solita fisionomia, il suo solito sguardo, un po' beffardo, un po' ingenuo. Zio Castigu cominciava a credere di essersi ingannato, ritenendola colpevole.

« Stanotte ho sognato che era venuta su, fin qui, Anna Decherchi. Aveva sul capo un cestino pieno d'uva, e una lettera in mano. Ma non era Anna Decherchi; era invece Paulu travestito, ma travestito cosí bene che sembrava la vecchia. Appena mi vide si mise a ridere e mi domandò: dov'è Annesa? Voglio farle uno scherzo. »

« Uva, lagrime » disse Annesa; ma il pastore ribatté:

« Però don Paulu rideva: buon segno. Ah, vedi, Anna, il cuore mi dice che entro oggi riceveremo una buona notizia. Ah, se ciò fosse, Maria Santissima mia! Tutti i giorni, tutti i giorni verrei qui, m'inginocchierei su questa sacra soglia, e bacerei la terra. In nome del Padre, del Figliuolo e dello Spirito Santo. »

Egli s'inginocchiò, baciò la terra, si fece il segno della croce: Annesa trasalí al solo pensiero che "una buona notizia" potesse giungere. Ah, la vita l'attraeva ancora, con tutte le sue seduzioni; e la speranza di potersi salvare era cosí dolce e ardente che la faceva soffrire.

Rientrò nella chiesetta e si rimise in ginocchio, nell'ombra, sulla polvere. Meglio non sperare: salvarsi significava ricadere nel peccato, dimenticare, perdersi per sempre. Ed ella non voleva peccare mai piú, mai piú.

"Dio, Dio mio, aiutatemi voi! S'io devo ritornare nel mondo aiutatemi voi: non voglio piú mentire, piú ingannare, piú far del male. Non sposerò Gantine, per non ingannarlo, non sposerò Paulu, non peccherò piú con lui. Non sono degna di nessuno: vivrò sola, curerò i malati, lavorerò, porterò da me, sola, il peso dei miei delitti."

Si curvò e baciò ancora il pavimento: e nel sollevarsi le parve di veder un'ombra dietro il finestrino.

« Mi vedono? » Si ritrasse, ebbe paura. L'idea della prigione, della condanna, della reclusione la dominò ancora. Ricominciò a pregare, ma con tristezza infinita. Il Dio al quale ella era ritornata nell'ora della disperazione, come il bambino ritorna in grembo alla madre che lo ha castigato, era un Dio severo, inesorabile. Egli poteva perdonare, ma non dimenticare: e domandava penitenza, penitenza.

"No, io non potrò salvarmi dalla condanna" ella pensava, piangendo silenziosamente, con la fronte sulla parete. "Non è possibile. Si salveranno, *loro*, e questo mi basterà: e la *buona notizia* sarà quella del loro scarceramento; null'altro."

E le pareva di veder Paulu nella stanzetta del piccolo carcere di Barunei; lo vedeva piegato su se stesso, livido di umiliazione e di rabbia, pentito d'essersi dato inutilmente in mano alla giustizia umana stupida e cieca. Egli aveva sperato d'esser rimesso in libertà dopo qualche ora, assieme coi suoi: egli s'era costituito per dimostrare la sua innocenza, e non era stato creduto;

e le ore passavano invano, e passavano i giorni, e forse egli non sperava piú.

« E io sono ancora qui, sono ancora libera! Paulu mio, Paulu, Paulu mio! Che dirai di me quando saprai? E donna Rachele, cosa dirà? Ella piangerà, e i nonni diranno: "ella non aveva timor di Dio, e ci ha condotto sull'orlo dell'abisso. Per colpa sua abbiamo sofferto il piú grande dolore, la piú grande umiliazione della nostra vita". Poi si conforteranno, e dimenticheranno. E la vita passerà; io vivrò lontano, lontano, in una galera sconosciuta, e vedrò sempre, davanti a me, il viso orribile, il sorriso vendicativo di zio Zua. Egli solo, egli solo non mi dimenticherà: egli verrà con me, sempre, sempre. Ah, egli lo sapeva già che si sarebbe vendicato: egli lo sapeva, e io non sapevo niente. Sappiamo mai quello che può succedere? So io quello che accadrà domani? Ah, Dio mio, Signore misericordioso, perdonatemi: ecco che vaneggio ancora: ecco che spero ancora! Ah, no, no."

Ella non voleva sperare, e intanto aspettava: ogni piccolo rumore le dava un brivido: dal finestrino penetrava la luce azzurra e chiara del meriggio; il cielo era tutto in colore di zaffiro, il bosco mormorava intorno alla chiesetta con un romorio lieve e sonnolento di api intorno all'alveare. Una pace infinita, una dolcezza triste, riempivano il ricovero solitario di quella Madonnina selvaggia, di quel bambino languido, che parevano cosí tranquilli nella loro povertà, cosí lontani dalla donna che piangeva ai loro piedi.

Verso il tramonto arrivò, al solito, il nipote di zio Castigu, che ogni sera portava giú in paese il prodotto del gregge.

« Prete Virdis m'ha mandato a chiamare » disse « e mi ha incaricato di dirvi che desidera parlare con voi solo, stanotte. Mi ha avvertito di ripetere: *con voi solo.* »

Il pastore corse da Annesa e le riferí l'ambasciata.

« Anna » disse con voce commossa « credo che il mio sogno si avveri! È segno che prete Virdis desidera che tu non ti muova: è segno che c'è qualche speranza. »

Ella tremava tutta.

« Non illudetemi, zio Castigu, non fatemi sperare, no, no, non voglio... »

« Perché non vuoi sperare? Dopo la notte viene il giorno. Prega, prega, Anna; io corro giú in paese. Vuoi andare nella capanna? »

Ella però volle restare nella chiesetta: nella furia, il pastore si dimenticò di portarle da mangiare, ma ella non sentí la fame, non si addormentò, non si mosse dal suo angolo. Vide attraverso il finestrino apparire una stella rossastra sul cielo verdognolo del crepuscolo, poi altre stelle ancora: e il bosco tacque, e tutto fu silenzio, silenzio misterioso di attesa.

Zio Castigu ritornò verso la mezzanotte.

Quando ella sentí il suono della chiave nella toppa arrugginita provò una strana impressione: le parve che un essere invisibile, un fantasma che veniva dalla profondità d'un mondo ignoto, cercasse d'introdursi nella chiesetta, per avere un colloquio con lei e rivelarle il mistero del suo avvenire. Invece, nel buio, s'avanzò il vecchio pastore: ella ne riconobbe il passo, ne riconobbe la testa selvaggia che si disegnò nera sul quadrato cenerognolo e stellato del finestrino; ma dal modo con cui egli disse: "Annesa, sai?..." ella sentí subito che il vecchio pastore le avrebbe rivelato, come il fantasma d'un mondo occulto, il segreto del suo avvenire.

« Zio Castigu? »

« Domani... domani, saranno rimessi in libertà. L'avvocato ha detto a prete Virdis che dalla perizia medica risulta che il vecchio è morto soffocato dal suo male. E che nessuno l'ha percosso, che nessuno, tranne il Signore, l'ha fatto morire. »

Ella cadde in ginocchio, nelle tenebre: ma una luce ardente, simile allo splendore del sole, le rischiarava l'anima.

"Il Signore ha perdonato: il Signore ha veduto il mio cuore, ha misurato il mio errore e il mio dolore; ha veduto che questo era piú grande del mio errore."

Zio Castigu sentiva, nel silenzio, i denti di lei battere forte.

« Anna, che fai ora? Vieni fuori con me? Prete Virdis ti consiglia di non muoverti finché *essi* non saranno rimessi in libertà. Hai sentito? »

« Ho sentito. »

« Ma che fai, ora? »

« Prego. »

« Ora puoi stare tranquilla » egli disse, ingenuamente. « Puoi venire di là, nell'ovile. »

« No, sto qui: voglio pregare. »

« Puoi pregare anche là, nella capanna. Dio ti sentirà egualmente. E tu non hai mangiato, *pili brunda.* »

Nel sentirsi chiamare col suo nomignolo, ella provò un impeto di gioia: zio Castigu non l'aveva piú chiamata cosí, durante tutti quei giorni di terrore.

Tutto era dunque passato? Era possibile? Non era un sogno? Per convincersene si alzò, dimenticò le sue preghiere, diede retta al vecchio che insisteva:

« Andiamo, andiamo! »

Uscirono. La notte era chiara, vivida di stelle: l'orizzonte sembrava vicino, appena dietro le linee nere dei boschi e i profili delle roccie; le pecore di zio Castigu pascolavano nascoste fra le macchie in fondo alla radura, e il tintinnío cadenzato dei loro campanacci pareva una musica misteriosa, quasi magica, un coro di vocine tremule sgorganti dalle pietre, dai tronchi, dai cespugli.

Molte stelle filanti attraversavano il cielo biancastro,

e zio Castigu, al quale non sfuggiva mai nessun fenomeno celeste, disse guardando in alto:

« Pare che le stelle *grandi* piangano, stanotte. Guarda quante lagrime! »

Annesa sollevò il viso. Anche lei piangeva. Ricordava la sera della festa di San Basilio, i razzi che attraversavano il cielo scolorito, di là del cortile silenzioso. Quindici giorni erano trascorsi: quindici giorni lunghi e terribili come anni di peste e di carestia. Ora tutto era finito: e tutto doveva ancora incominciare.

« Che altro ha detto prete Virdis? » domandò, seguendo a passi cauti il vecchio che camminava spedito e svelto fra i sassi e i cardi.

« Di star tranquilla; di non muoverti finché... »

« Io vorrei ancora parlare con lui, prima » ella interruppe; poi, dopo un momento di silenzio, aggiunse, piano: « prima di ritornare dai miei "benefattori". »

Ella pronunciò ancora l'usata parola; ma subito dopo ricominciò a piangere. Non erano lagrime di rancore e di rimorso, ma non erano più lagrime di gioia: erano lagrime di pentimento e di speranza, che nella notte infinita della sua anima cadevano e brillavano come nella notte le stelle filanti.

IX

Cadeva la sera del terzo giorno dopo lo scarceramento della famiglia Decherchi. Nel villaggio oramai non si parlava più dell'avvenimento se non per commentare la scomparsa di Annesa. Ella non era più tornata in paese.

Dove sarà andata? Molti dicono che sta nascosta nell'ovile di zio Castigu. Per lo spavento è caduta malata; ha la febbre e non può muoversi. Altri assicurano di averla veduta in paese, in casa di prete Virdis: è sempre stata là: altri dicono che il vetturale, quello della corriera postale, ha portato da Nuoro una lettera di Annesa indirizzata a donna Rachele. Perché ella non torna? Perché ha paura di essere arrestata. Voci vaghe e strane circolano ancora sul suo conto, fra le persone meglio informate. La perizia medica ha concluso che il vecchio è morto di morte naturale, in seguito ad un accesso di asma, ma l'accesso, aggiungono le persone bene informate, è stato provocato dai mali trattamenti di Annesa, la quale, inoltre, non ha fatto i suffumigi e non ha somministrato all'infermo i calmanti prescritti dal medico. La colpa non è grave, ma le colpe, anche le piú piccole, devono scontarsi con un castigo. Annesa ha paura e non torna: vedrete che tarderà a ritornare, a ricomparire. I Decherchi affermano che non sanno nulla di lei: i due nonni, che nonostante il male che ha loro causato, vogliono portare il lutto per Zua Decherchi, non escono di casa e ricevono poca gente. Anche donna Rachele non si lascia vedere; Paulu è intrattabile, ed a chi gli domanda notizie di Annesa risponde:

« Ficcatevi nei fatti vostri. Ella è dove le pare e piace. »

Chi chiacchiera volentieri è Gantine: quando ha saputo *il fatto* è ritornato in paese; Paulu, appena uscito dal carcere, gli ha domandato:

« Perché sei venuto? Riprendi subito il tuo bagaglio e ritorna nella foresta. »

« Come, perché son venuto? E Annesa? Non devo pensare a lei? »

« Annesa s'aggiusterà, anche senza il tuo aiuto. Vattene. »

Ma Gantine s'è ribellato. Egli gira per il paese, chiacchiera, domanda e dà notizie. È corso nell'ovile di zio Castigu, ha bussato alla porta di prete Virdis. Annesa non c'è. La gente comincia a prenderlo in giro; molti gli dicono:

« Ma se Annesa è venuta da te, nella foresta! Forse avete fatto diverse strade. »

Allora Gantine, che in fondo soffre ma non vuole dimostrarlo, fa credere di sapere dove Annesa si nasconde.

« È andata a Nuoro. È partita con la corriera, il giorno dopo l'arresto dei miei padroni. Sta in casa di una nipote di prete Virdis, che è maritata con un negoziante nuorese. »

« Ma perché non torna? »

« Perché ha paura delle vostre maldicenze, gente stupida e cattiva! »

E il povero Gantine va, va, di casa in casa, ascoltando le chiacchiere, e poi corre da donna Rachele, e le domanda consiglio, e davanti a lei, che ha il viso magro e pallido ma alquanto beato di una martire (sia fatta la volontà di Dio!), piange di rabbia e di inquietudine come un bambino malato.

Prete Virdis, in corpetto, pantaloni e scarpine, senza parrucca, senza fazzoletto in mano, stava seduto sul balcone di legno della sua casetta e finiva di leggere il breviario. Pareva un altro: dava l'idea di un uccello al quale fossero state strappate le migliori piume.

Il *piazzale*, un triangolo di terreno roccioso davanti alla casetta, era deserto come un lembo di montagna: in fondo si delineava un profilo di paesaggio lontano, una cima violacea sull'orizzonte roseo del crepuscolo. Il cielo, sopra il piazzale e le casette cineree e silenziose, si scoloriva come un velluto azzurrognolo vecchio e sciupato: un alito fresco, odoroso di basilico, veniva dal fondo della strada; tuttavia prete Virdis smaniava, come oppresso dal caldo, e in mancanza del fazzoletto agitava la mano, scacciando un nugolo di mosche immaginarie.

Che fare? Che fare? Da due giorni Annesa era nascosta in casa sua. Due sere prima, mentre egli ritornava da casa Decherchi, ella, che lo aveva aspettato nascosta dietro un muricciuolo del *piazzale*, gli era comparsa davanti all'improvviso.

« Prete Virdis... »

« *Anghelos santos!* Sei tu? Sei tu? »

« Sono io. Eccomi. Ho bisogno di parlarle. »

« Vieni. »

La casetta era silenziosa. Paula Virdis, la sorella del prete, dormiva, a quell'ora, in una stanza terrena attigua alla cucina. Al buio, tastoni, Annesa seguí il vecchio, del quale sentiva il respiro un po' affannoso: attraversarono un andito, salirono su per una scaletta ripida, entrarono nella stanza dal balcone di legno: la finestra era aperta; fino alla camera giungeva il canto di un grillo, un odor di basilico, lo splendore lontano d'una stella.

Prete Virdis accese il lume. Annesa conosceva già quella stanzetta povera, arredata come la camera d'un contadino. Stanca, sfinita, ma con gli occhi illuminati da una fiamma interna, ella cadde a sedere pesantemente sulla vecchia cassapanca che pareva rosicchiata dai topi. E chinò la testa, quasi vinta dalla stanchezza e dal sonno. Prete Virdis chiuse le imposte: si volse, pareva adirato.

« Dunque? »

« Sono qui » ella disse, scuotendosi. « Sono passata *là*, ho ascoltato alla finestra. »

« Dove, *là*? »

« *Là* » ella indicò con un gesto vibrato, come per significare che non poteva esserci altro *là*, altro posto davanti al quale ella potesse fermarsi. « Dov'era lei, poco fa! Allora... sono venuta qui, l'ho preceduta, l'ho aspettata. Ha veduto? »

« Va bene. Va bene. Ho veduto. »

Egli si mise a passeggiare attraverso la camera. Che fare? Che voleva da lui quella donna? Voleva aiuto; voleva essere salvata da lui. Come salvarla? Non bastavano le buone intenzioni, le buone parole. Occorreva l'azione. Che fare?

« Da due giorni penso a te » egli disse, senza guardarla. « E penso che l'aria di questo paese non è più buona per te. »

« Sí, voglio andarmene. »

« Dove, però, dove? »

« Ci pensi lei! »

« Io? » egli disse, puntandosi un dito sul petto. « Giusto io? Ah, sí, sí: voi combinate le magagne; dopo devo pensarci io. »

« Lei è il pastore » mormorò Annesa. « No, non si arrabbi, prete Virdis, non mi abbandoni. Lei pensa a tutti, e deve pensare anche a me. »

« È tardi, è tardi » egli osservò con voce triste; ma ella finse di non sentirlo e proseguí:

« Sua sorella Paula un giorno si lamentava con me: diceva: mio fratello non pensa mai a lui; perciò la nostra casa sembra una tana, e la gente lo calunnia e dice che egli è avaro e che nasconde i suoi denari. Invece egli pensa sempre agli altri: è il padre dei malfattori, dei cattivi figliuoli, degli sventati, dei disperati... »

Prete Virdis andava su e giú, sbuffava, agitava il fazzoletto.

« Paula è una pettegola: ecco che cosa è; una chiacchierona. »

« Io voglio andar via, prete Virdis: non voglio più tornare in quella casa. Ah, mi aiuti lei! Stasera ho avuto il coraggio di non entrare *là*, benché la tentazione mi spingesse. Ma domani, prete Virdis, domani? Che accadrà di me, domani? Io voglio andarmene. Andrò a Nuoro. Mi raccomandi a sua nipote: andrò serva, lavorerò, vivrò onestamente. »

« Paulu verrà a cercarti: tu ricadrai egualmente. »

« No, no » esclamò Annesa, intrecciando le mani e scuotendole con gesto supplichevole. « Non lo dica neppure! Lei, prete Virdis, lei parlerà con Paulus: gli dirà tutto, se occorre. »

« Io? Le mie labbra si disseccheranno prima di rivelare il tuo segreto. Spetta a te. »

« Io? » disse a sua volta Annesa. « Io... »

Picchiarono al portone. Ella s'interruppe e spalancò gli occhi: nonostante ciò che era accaduto, ella aveva paura; le sembrava impossibile che il suo delitto dovesse restare segreto e impunito. Poi una speranza triste e ardente le tremò in cuore.

« Se fosse Paulu! » disse sottovoce.

« Tu vorresti, magari! Sta zitta. »

Ella abbassò gli occhi, pensò a quello che avrebbe fatto se Paulu le fosse ricomparso davanti all'improvviso: si sarebbe gettata per terra, con gli occhi chiusi, le mani sulle orecchie, la bocca sulla polvere, per non vederlo, non ascoltarlo, non rivolgergli la parola.

Eppure, quando prete Virdis aprí il balcone e una voce di fanciullo, quasi piangente, supplicò: « Prete Virdis, mio padre sta male e vuole confessarsi », ella sospirò disillusa.

« Si è aggravato? » domandò il prete.

« Molto: pare un cadavere. Dalla bocca gli è venuto fuori tanto sangue, tanto sangue... »

La voce del ragazzetto tremava: ad Annesa parve di vedere l'uomo che vomitava sangue, e ricordò il suo voto:

"Voglio assistere gli ammalati: chiuderò gli occhi ai moribondi."

Si alzò, vide che prete Virdis si metteva il cappello e si dirigeva verso l'uscio dimenticandosi di chiudere il balcone, e senza badare piú a lei.

« Prete Virdis, posso assistere quel malato. »

« *Anghelos santos!* Non muoverti, tu: sta lí. Quel malato non ha bisogno di te. Tornerò presto. »

« Se zia Paula mi trova qui? »

L'altro aveva fretta; non le rispose, ma prese il lume, uscí e chiuse l'uscio a chiave. Ella ricadde seduta sulla cassapanca e non si mosse piú: l'odore del basilico, il canto del grillo, lo scintillío della stella penetravano per il balcone aperto, e dopo un momento ella ebbe l'impressione di trovarsi ancora seduta sullo scalino della porta che dava sull'orto di don Simone. E la dolcezza, la tristezza, il desiderio di tutte le cose perdute la riassalirono.

"Chi mi impedisce di tornare *là*? Se fossi entrata! Perché, perché non devo tornare? Chi me lo proibisce? Prete Virdis che mi ha chiuso a chiave? Perché non devo tornare?"

Il desiderio s'acuiva: ella era stanca, aveva sonno, aveva la febbre. Era tempo di ritornare *a casa*, di ricoricarsi sul suo lettuccio. Aveva camminato tanto, nell'ombra, fra le pietre, fra le spine: era tempo di riposarsi. Ecco, ella chiude gli occhi, si assopisce. Una figura balza subito davanti a lei: è zia Paula, la sorella borbottona di prete Virdis.

"Chi sei? Che fai qui? Una donna qui? Ah, quel Micheli sta diventando matto davvero: matto del tutto, perché un poco lo è sempre stato. Vattene."

"Sono Annesa, zia Paula mia."

"Che zia Paula o non zia Paula! Vattene; sono stufa dei malanni degli altri! Ne ho abbastanza dei miei."

Annesa si alza, se ne va. Cammina, cammina, per le straducole scure, arriva *là*, davanti alla casa di don Simone. La porta è chiusa: ella spinge il portone, e il portone si apre. Si vede che Gantine è uscito di nascosto dei suoi padroni, ed ha lasciato il portone aperto. Ella entra nel cortile, entra nella cucina, entra nella camera: dietro l'uscio arde il lumino da notte; zio Zua sta seduto sul lettuccio e respira affannosamente. Ella si butta sul canapè e sta per addormentarsi. Ma d'un tratto si solleva e guarda spaventata il vecchio. Come, non era morto? Non lo aveva ucciso lei? Che fa adesso il vecchio? Perché lo hanno rimesso lí? È vivo?

È risorto? Parlerà? L'accuserà? Bisogna fuggire: bisogna camminare ancora; andarsene lontano.

Si svegliò tremando: pensò subito:

"Bisogna camminare, camminare ancora."

Poco dopo sentí prete Virdis rientrare: lo aspettò, ma egli tardò alquanto a salire.

"Deve essere entrato da zia Paula, per avvertirla che sono qui. Quanto borbotterà, quella donna."

Zia Paula, invece, non borbottò. Ella dormiva in una cameretta terrena, poveramente arredata come la camera del balcone: quando prete Virdis entrò, e la svegliò dicendo che bisognava tener nascosta Annesa almeno per qualche giorno, zia Paula si contentò di rispondere:

« Adesso ti prende la mania di nasconder la gente, poiché non puoi nasconder tesori. Falla venir qui quella donna. »

Prete Virdis condusse Annesa nella cameretta terrena e lasciò sole le due donne. Zia Paula rassomigliava molto al vecchio prete, col quale erano vissuti sempre assieme.

« Spogliati e vieni a letto con me: se non vuoi coricarti a fianco mio, còricati a piè del letto » disse semplicemente.

Annesa obbedí: il letto era abbastanza largo, e, sebbene non molto morbido, le parve un letto di piume.

« Da tante notti dormivo per terra » disse. « Ah, mi pare di essere entro una barca, e di andare lontano, lontano... »

« Dov'eri, Annesa, si può sapere? »

« Se sapeste! Ero nascosta nella sagrestia della chiesa di San Basilio. »

« San Basilio mio! » esclamò l'altra facendosi il segno della croce. « Sarà mai vero? Ed ora, perché non sei ritornata a casa tua? »

« Io non ho casa, zia Paula. Non sono tornata perché la gente dice... »

« È vero, è vero. La gente dice che tu hai fatto morire Zua Decherchi: lo hai fatto arrabbiare e non gli hai dato il calmante. È vero? »

Annesa non rispose.

« Dove andrai, Annesa? Non tornerai piú dai tuoi padroni? »

« Chi sa? Ora ho sonno: lasciatemi dormire. »

« E Gantine? non l'hai riveduto? Egli gira per il paese, cercandoti; sembra un pazzo. »

« Povero Gantine. È tanto giovane! »

La vecchia insisté, ma Annesa chiuse gli occhi e ricadde nei suoi sogni tristi. E rimase altri tre giorni nascosta in quella cameretta melanconica, che riceveva luce da un finestrino praticato sul tetto. Di là sentiva la voce di Gantine che domandava notizie di lei.

« Figlio mio » diceva zia Paula, « Annesa deve essere scappata lontano, molto lontano. Ed ha fatto bene. Io me ne sarei andata in capo al mondo: sarei scappata come un gatto che ha toccato il fuoco. »

« Ma perché? ma perché? » domandava Gantine con voce lamentosa.

« Perché? Perché cosí! Va', mettiti il cuore in pace. Annesa forse non tornerà mai piú in questo paese. »

« Ah, quel vecchio! Se fosse ancora vivo lo ammazzerei io. Anche dopo morto ci tormenta. »

« È vero, è vero! » singhiozzò Annesa, nella penombra della triste cameretta.

« Ella non mi vuol bene » riprese Gantine. « Da molto tempo non mi vuol piú bene. Me ne sono accorto io, sí. Altrimenti non avrebbe fatto cosí, zia Paula, non avrebbe fatto cosí. Capisco che ella serbi rancore contro i nostri padroni e non voglia piú ritornare in una casa dove ha tanto sofferto. Perché è per causa loro. »

« Là, là, taci, linguacciuto » impose Zia Paula. « Che causa loro! Sono loro, invece, che dovrebbero dire... »

« Che cosa dovrebbero dire? »

« Insomma, se Annesa avesse dato il calmante al malato, egli non sarebbe morto. »

« Il calmante? Doveva strangolarlo, invece, doveva. »

« Là, là, linguacciuto, taci! »

Annesa si domandava:

"Se Gantine sapesse, mi scuserebbe? Forse sí. Anche lui *lo* odiava. Ma egli non saprà mai. No, no, no; vattene, Gantine, vattene. Io non voglio piú ingannarti, non voglio piú ingannare nessuno."

Finito di leggere il suo breviario, prete Virdis s'alzò, si affacciò al balcone. Il cielo s'era fatto cinereo; la stella che mandava il suo scintillío verdognolo fin dentro la cameretta, era apparsa sopra la montagna lontana: il grillo cantava. Prete Virdis aspettava Paulu, e il vetturale zio Sogos, che doveva portargli una lettera da Nuoro. Ma entrambi tardavano: eppure la corriera doveva essere arrivata da oltre un'ora. Finalmente un vecchio, miseramente vestito, attraversò il piazzale e batté al portoncino sotto il balcone.

« Venite su. Era tempo » disse prete Virdis, ritirandosi.

Accese il lume, cercò la parrucca che stava ad asciugare sopra una sedia, e se la rimise ancora umida di sudore; poi chiuse il balcone e aprí l'uscio. Zio Sogos saliva la scaletta e sospirava.

« Siamo vecchi, prete Virdis, siamo vecchi: si cammina piano, adesso. »

Entrò. Alto, curvo, col viso rugoso e ispido di peli grigi, il vetturale sembrava un mendicante.

« Ebbene, avete veduto mia nipote? »

« L'ho veduta, le ho portato la lettera. Ecco qui la risposta. »

« Sedetevi lí un momento. Aspettate » disse prete Virdis, mentre apriva la lettera, senza accorgersi che la busta era stata già aperta.

« Va bene, va bene » disse poi, ripiegando il foglietto e lasciando la busta sulla tavola. « E adesso sentite, voi dovete farmi un favore. »

Il vecchio, seduto sulla cassapanca davanti alla tavola, fissava i piccoli occhi umidi e tristi sulla busta e allungava lentamente la mano.

« Comandi, prete Virdis. Lei mi ha tante volte aiutato. Sempre le ho detto: prete Virdis mi comandi; sono il suo servitore. »

« Bisogna che domani, no, posdomani, voi conduciate a Nuoro, nella vostra carrozza, una persona che non vuol esser veduta partire da Barunei. »

« Va bene; ho capito » rispose prontamente il vecchio. « Basta che questa persona vada a piedi fino al ponte, posdomani mattina, presto, e mi aspetti là. »

« E se c'è qualcuno che vuol partire? »

« Si saprà domani sera: verrò ad avvertirla, se mai. »

« Va bene. E... silenzio, non è vero? Voi mi capite, non è vero? »

« Va bene: non dubiti. »

Il vecchio si alzò e mise la mano sopra la busta.

« Paula, porta da bere » gridò prete Virdis, affacciandosi all'uscio. Ma poiché nessuno rispondeva scosse la testa e disse: « Andiamo giú: vi farò dare un bicchiere di vino. O volete acquavite? »

« Vino, vino » rispose zio Sogos, stringendo la busta dentro il pugno. « L'acquavite non è mia amica. »

Dal suo cantuccio Annesa sentí la voce del vecchio carrozziere e sospirò. Finalmente! Doveva esser giunta la risposta da Nuoro. Ah, partire, partire! Arrivare in un luogo ignoto, fra gente nuova: cominciare una nuova vita, lavorare, soffrire, dimenticare, ella non pensava ad altro.

Appena uscito zio Sogos, prete Virdis entrò da lei e disse:

« Come, al buio? Ah, che fa quella donna benedetta, che ti lascia al buio? E che quest'anno non si trovano olive? Non si trova olio? »

« Per quello che ho da fare! » mormorò Annesa. « Eppoi il lume è qui. »

Si alzò e cercò i fiammiferi.

« Ecco qui la risposta di Maria Antonia mia nipote. Dice che ha trovato un posto per te, presso una famiglia nuorese. »

Nel sentire la buona notizia, ella provò quasi un impeto di gioia, ma d'improvviso tremò spaventata, e lasciò cadere il fiammifero acceso. La piccola fiamma violacea brillò e si spense: prete Virdis tacque; e nel silenzio, nelle tenebre, Annesa dimenticò ogni cosa passata, ogni cosa presente, per ascoltare la voce di Paulu Decherchi.

« Che fate, zia Paula? Dov'è prete Virdis? »

La sua voce era seria, quasi dispettosa.

« Ah, ah, è lei, don Paulu? Micheli verrà, adesso. Venga su, in camera. »

« Dov'è? dov'è? »

« Venga, venga su. »

Zia Paula lo precedette col lume: egli la seguí.

« Che vuole? » domandò Annesa, piano, e prete Virdis rispose sottovoce:

« Non so. Credo che egli dubiti, come lo dubitano tutti, che tu sii qui. Ecco ti lascio qui la lettera: leggila. Vado. Coraggio! »

Ella accese un altro fiammifero e lesse le poche righe scritte malamente.

"Caro zio,

"Mi sono subito occupata della vostra commissione. Ci sarebbe un posto buono per la donna che mi raccomandate. Il padrone sarebbe un proprietario benestante di Nuoro, che ha la moglie vecchia e non ha figli. C'è però da lavorare: fare molto pane d'orzo per i servi, e lavorare anche in campagna. Però questi padroni sono persone caritatevoli, e tratterebbero molto bene la serva da voi raccomandata. Se questa vuole, può venire anche da domani. Noi siamo sani, ecc. Vostra nipote

MARIA ANTONIA."

Annesa lesse e rilesse, ma il suo pensiero era là, nella cameretta dove prete Virdis e Paulu parlavano certo di lei. Che cosa dicevano? Che voleva Paulu? Ella avrebbe dato dieci anni del resto della sua miserabile vita per poter ascoltare il colloquio fra i due uomini. E ripeteva a sé stessa l'ultima parola di prete Virdis: coraggio! Sí, coraggio, Annesa, coraggio, coraggio. Coraggio, per lottare, per vincere, per non ricadere nell'abisso molle e tenebroso del peccato.

In cucina non si sentiva piú alcun rumore: senza dubbio zia Paula, curiosa, stava ad origliare su, all'uscio della cameretta del balcone. Purché i due uomini non accennassero all'orribile segreto. No, non era possibile: Paulu non sapeva, non dubitava, non poteva credere. E prete Virdis aveva detto "prima ch'io parli di *ciò* le mie labbra si disseccheranno".

No, essi discutevano forse sulla scomparsa di lei: Paulu forse diceva:

"So che ella è qui: voglio rivederla, voglio costringerla a tornare a casa."

E prete Virdis sbuffava e rispondeva:

"*Anghelos santos*, quanto sei cocciuto, figlio caro. Non hai capito che Annesa è andata via lontano, e che le conviene di non ritornare piú in casa tua?"

Un passo in cucina: poi di nuovo silenzio. Ah, sí, senza dubbio, zia Paula era salita su, fino all'uscio della cameretta, e stava ad origliare; Annesa ne provava dispetto ed invidia: anche lei avrebbe desiderato salire la scaletta, mettersi ad ascoltare. Quasi vinta dalla tentazione, ripiegò il foglietto, s'avvicinò all'uscio e cominciò ad aprirlo, senza far rumore.

E subito vide Gantine, seduto immobile sulla panca in fondo alla cucina. Egli fissava gli occhi sulla porta d'ingresso, ma dovette accorgersi di qualche cosa perché subito si alzò e si guardò attorno. Non vide nulla. Annesa s'era ritirata rapidamente a aveva chiuso l'uscio, appoggiandovisi tutta, quasi per impedire al giovine di penetrare nella cameretta. Passarono alcuni momenti: la voce di zia Paula la richiamò dal suo stupore e dal suo turbamento.

« Gantine, che fai qui? » domandava inquieta la vecchia.

« Vi aspettavo. Adesso però stavo pensando di portar via la pentola che bolle sul vostro focolare » rispose il giovine, sforzandosi a mostrarsi disinvolto.

« Avresti fatto un magro affare! Credi che contenga fave con lardo, la mia pentola? No, guarda: contiene patate. Siediti, Gantine. Come, non sei ripartito per la foresta? »

« Dal momento che son qui non posso essere ripartito » egli disse, acremente.

E di nuovo, per qualche momento il silenzio regnò nella cucina: Annesa ascoltava, palpitando; aveva paura che Paulu, andandosene, entrasse e nel vedere Gantine provocasse una scena.

« Sí » disse il servo, dopo un momento « don Paulu voleva che io partissi: ma io m'infischio di lui. Egli è arrabbiato, questi giorni; sembra il diavolo in persona: ma sono arrabbiato anch'io. Sono arrabbiato con tutti: e con voi, anche, sopratutto con voi. »

« Maria Santissima! » esclamò la vecchia, non senza ironia. « E perché sei cosí arrabbiato, Gantine? »

« Lo sapete il perché, zia Paula. Annesa è qui: è nascosta qui, forse è là, dietro quella porta. Ebbene, che ella mi senta, se è lí; bisogna che io parli. »

« Parla piano » supplicò la vecchia. « Parla pure, ma non alzare la voce. Annesa non può sentirti. Cosí sia lontano da noi il diavolo, come ella è lontana di qui. »

« Ella è qui, è qui, in questa casa » ripeté Gantine, con voce triste, ma ferma. « Non mentite, non bestemmiate, zia Paula! Abbastanza sono oggetto di riso e di compassione. Ma che io taccia, che io non parli, ah, no, perdio. Troppo a lungo ho fatto lo stupido. Ora ho capito tutto, tutto ho compreso, zia Paula, e voglio farlo sapere a chi tocca. »

« A me? Tocca a me? »

« Anche a voi, sí: e diteglielo, a quella donna, ditele che ho capito tutta la commedia. Non farò scandali, ripeto: non son cattivo, io. Altri, altri son piú cattivi di me. »

Egli quasi piangeva. Per un momento Annesa, vinta da quel sentimento di tenerezza quasi materna che la giovinezza e la bontà d'animo di Gantine le avevano sempre destato, ebbe l'idea di aprire l'uscio, e dire al giovine qualche parola di conforto: ma l'*altro* poteva sorprenderli e lei, lei non voleva piú rivederlo, l'*altro*.

« Stasera » proseguí Gantine « ho veduto Paulu confabulare con zio Sogos; leggevano una lettera; dovevano senza dubbio combinare la partenza di Annesa: già tutti questi giorni essi stanno sempre assieme. E lui, Paulu, il *mio padrone*, lui crede che io non sappia nulla, mentre so tutto. Ho le orecchie per sentire, gli occhi per vedere. »

« E io non so niente, figlio del cuor mio; io non so proprio niente. »

« Allora ve lo dirò io, quello che succede. Paulu vuole sposare Annesa, ed Annesa forse non è contraria a questo progetto. Da lungo tempo non è piú l'Annesa di una volta: non mi ama piú, non pensa piú a me. Quando partii per la foresta non mi volle neppure baciare. Io partii con un brutto presentimento in cuore. E dopo è accaduto quello che doveva accadere. Adesso Paulu vuole sposarla, perché dice che ella è perseguitata e calunniata per colpa della famiglia Decherchi. »

« Come sai queste cose, Gantine? La fantasia ti trascina » disse la vecchia curiosa e turbata. « Non t'inganni? Non t'inganni? »

« Non m'inganno, non m'inganno, zia Paula. Il fatto è cosí. Perché Annesa non torna a casa? Perché Paulu non vuole. Perché egli ha avuto ed ha continuamente lunghe e acerbe discussioni coi suoi nonni e con sua madre? Essi credono Annesa colpevole, ed anche Paulu lo crede. Egli dice che vuol sposare Annesa per dovere; essi lo chiamano pazzo. Egli dice che vuol andarsene via, lontano, nelle miniere, e condurre Annesa con sé: donna Rachele piange sempre, don Simone pare moribondo, moribondo per la rabbia e il dolore. Le cose stanno cosí, zia Paula, stanno cosí, purtroppo. »

« Ma Annesa forse non ne sa niente. »

« No, no! No, no! Essa è d'intesa con Paulu. Altrimenti sarebbe tornata a casa. Essa non torna perché è quello che è. La donna degli inganni e delle perfidie, il gatto selvatico traditore. Io oramai l'odio, io non la sposerei piú, neanche se avesse due *tancas* da mille scudi l'una. »

« Ma allora perché la cerchi? Che t'importa piú di lei? Lasciala tranquilla. »

« Io l'odio » ripeté Gantine, ma con voce monotona e triste.

Dietro l'uscio Annesa mormorava fra sé:

« Meglio. Meglio. Meglio cosí! »

. « Io la cerco? » riprese Gantine. « Non è vero; non m'importa piú nulla di lei; solo, vorrei vederla per dirle che non sono uno stupido, per dirle che io non voglio essere un uomo ridicolo, per dirle che ho pietà di lei. Povera disgraziata! Ella non ha mai veduto il chiodo che le forava gli occhi; la stupida è sempre stata lei, non io. Io sono un uomo: soffro e soffrirò, ma forse vincerò la prova, e mi dimenticherò di lei, e troverò un'altra donna che mi vorrà bene. Ma lei, lei che farà? Anche se sposa il padrone, che farà? Sarà sempre la serva: Paulu la bastonerà fin dal primo giorno della loro unione; farà ricadere sopra di lei tutti i guai che l'hanno perseguitato. Annesa è stata sempre tormentata e sfruttata da loro, e continuerà ad essere il loro zimbello, la loro vittima. E io riderò: vedrete che riderò, zia Paula. »

Intanto però, non rideva: la sua voce lamentosa e dispettosa pareva la voce d'un bimbo pronto a piangere.

Zia Paula non sapeva che dirgli, e andava e veniva per la cucina, preparando la tavola per la cena; e cominciava ad inquietarsi anche lei al pensiero che Paulu potesse da un momento all'altro scendere e sentire le cattive parole del servo.

« Del resto » egli proseguí, « vi assicuro che non m'importa proprio niente. Ne trovo io delle donne! E piú belle, piú oneste, piú giovani di lei. Ella ha quasi quarant'anni, io non ne ho neppure ventisette: vada al diavolo. Quando lei sarà vecchia io sarò ancora giovane. »

« Ma giusto: è quello che dico io. Perché ti inquieti tanto, dunque? Guardati un'altra donna; non perder tempo, giglio mio. Ci sarebbe Ballora, la nipote di Anna Decherchi, che ti converrebbe: ha qualche cosetta, anche. »

Ma Gantine batté le mani, e disse con un grido di rabbia:

« State zitta! Perché mi parlate di queste cose? Io non penso a questo, adesso. »

« Non gridare; senti. Mi pare che scendano. »

« Chi? »

« Micheli e don Paulu. »

« Don Paulu è qui! » egli disse, abbassando la voce. « Bisogna allora che me ne vada. »

Si alzò, stette in ascolto. Dietro l'uscio Annesa cercava invano di reprimere la sua ansia.

« Io vado » disse Gantine, dopo un momento, con la voce mutata. « Zia Paula, buona notte. Non so se domani potrò ritornare. Se vedete Annesa, come certamente la vedrete, ditele cosí da parte mia: "Annesa, fai male a trattarmi cosí: fai male, perché se c'è una persona che ti vuole veramente bene sono io. Annesa, mandami a dire qualche cosa: farò quello che tu vorrai". Poi le direte cosí: "Anche se è vero quello che la gente dice che tu hai fatto morire il vecchio a me non importa. Io l'avrei fatto morire un anno prima d'oggi: l'avrei strangolato, l'avrei buttato sul fuoco". »

« Bei sentimenti, hai, giglio d'oro » esclamò zia Paula. « Andrai all'inferno vivo e sano. »

« L'inferno è qui, in questo mondo, zia Paula. »

Quando fu per uscire aggiunse:

« Le direte poi cosí: "Annesa, non fidarti di Paulu: egli è una vipera, null'altro. Egli non ti vuol bene: se ti vuole sposare è perché crede che tu abbi ammazzato il vecchio per lui, e non vuole avere rimorsi". Eh, è uomo di coscienza, don Paulu! Oh, un'altra cosa, che ho saputo stamattina » concluse, ritornando indietro di qualche passo. « Le direte cosí, poi: "Annesa, c'è una donnaccia di Magudas, una vedova facile e denarosa, la quale l'altro giorno s'è vantata che Paulu Decherchi è innamorato pazzo di lei, e che lei gli ha prestato molti denari, il giorno prima che zio Zua morisse; e che glieli ha prestati perché egli ha promesso di sposarla". Buona notte, zia Paula. »

« Aspetta, aspetta » implorò la vecchia, curiosa, correndogli appresso: ma egli andò via, promettendo di ritornare.

Annesa, appoggiata all'uscio, con le braccia trementi abbandonate lungo i fianchi, si sentiva soffocare, come quando, nella notte del delitto, aveva saputo che Paulu era passato nella via senza avvertirla: e si sforzava a non credere alle parole di Gantine, ma in fon-

do al cuore sentiva ch'egli non aveva mentito. Ubriaca di dolore ripeteva a se stessa:
"Meglio, meglio. Meglio cosí!"

X

Andato via Paulu, prete Virdis, nonostante i replicati richiami della vecchia, non si mosse dalla cameretta del balcone. Coi gomiti sulla tavola, le dita fra i peli rossicci della parrucca, sbuffava e ripeteva a voce alta:

« Che fare? Che fare? »

Paulu gli aveva dichiarato che voleva a tutti i costi e contro la volontà di tutti sposare Annesa. Egli la riteneva colpevole, e appunto per questo voleva sposarla. Ma in questa sua decisione c'era tanta rabbia, tanto rancore, che prete Virdis ne provava sgomento.

"Sarebbe il matrimonio del diavolo" pensava, strappando i capelli della parrucca.

Poi si sollevò e cominciò a contare sulle dita.

"Primo: non credo alla decisione di Paulu. Egli è però capace di perseguitare Annesa, e di andare a raggiungerla a Nuoro. Secondo: credo poco anche al pentimento e alla conversione della disgraziata. Mi spaventa, sopratutto, in lei, la mancanza di rimorso. Ella, ora, è invasa da una specie di mania religiosa; ma se rivede Paulu scommetto che gli ricade subito fra le braccia. Terzo: se questo avviene, siamo tutti perduti; perduti loro, i due disgraziati, perduti i vecchi nonni, l'infelice madre, perduto io davanti al Signore, io che non sarò stato buono di salvare un'anima disgraziata. Perduti, perduti."

« Micheli, non si cena, stasera? Vieni giú, tutto è pronto. »

Zia Paula stava sull'uscio: egli la guardò, senza vederla, e ripeté desolatamente:

« Perduti! »

« Che cosa hai perduto? » domandò la vecchia, inquieta, guardando per terra.

« Fammi venir su *quella donna*, va » egli disse, levandosi la parrucca un'altra volta e andando su e giú per la camera.

« Ma come, non vieni giú, Micheli? Parlerai con lei mentre cenererno. »

« Non è tempo di cenare: va. »

« Mi pare sia tempo di portare qualcuno al manicomio » borbottò zia Paula; e scese le scale sbuffando e sospirando anche lei.

Annesa salí, muta e triste, ma rassegnata: prete Virdis continuò ad andare su e giú per la camera e, al solito, non la guardò.

« Annesa, hai letto la lettera? Che hai deciso? »

« Di partire. »

« Paulu era qui: abbiamo parlato a lungo. Sai cosa vuol fare? Vuole sposarti: la sua famiglia non vuole, ma egli è deciso. Ah, ah, ora, ora! Ora s'è deciso, angeli santi! Che ne dici, Annesa? Vuoi sposarlo? »

« No » ella rispose subito.

« Perché non vuoi sposarlo? »

« Prete Virdis, lei lo sa meglio di me. »

« Io lo so? Sí, tu lo hai detto: vuoi fare una vita di penitenza. Cosí parli oggi, ma fra un mese, fra un anno, parlerai cosí ancora? Se rivedi Paulu non ricadi con lui in peccato mortale? E non è meglio, forse, che vi sposiate? »

« No, no, mai » ella disse con forza.

« Egli vuole vederti. Egli sa che sei qui, sa dove andrai, sa tutto, insomma. Dice che ti seguirà, che ti perseguiterà. È meglio che tu lo veda e gli dica quello che pensi. »

« No, no » ella ripeté supplichevole. « Non voglio vederlo. Prete Virdis mio, non glielo permetta. »

« Ecco! Tu hai paura di rivederlo. È meglio, allora,

che tu lo riveda; e fra voi v'intenderete. E se vuoi sposarlo sposalo pure, Annesa. Questa sarà forse la tua maggior penitenza: ma una penitenza che costerà molte lagrime anche ad altri innocenti. E Dio, vedi, Dio, ti ripeto, è misericordioso: Egli ti ha perdonato, e non t'impone di castigarti oltre misura: ma ti impone di non far più male agli altri, hai capito? »

Ella lo seguiva con gli occhi; lo vedeva irritato, capiva che egli diffidava sempre di lei. Che fare? Che dire per convincerlo?

« Prete Virdis » rispose semplicemente. « Il tempo risponderà per me. »

« Il tempo, il tempo » ripeté con voce monotona, volgendo gli occhi verso il balcone, quasi per scrutare, fuori, nell'orizzonte buio, il mistero dell'avvenire.

Prete Virdis si fermò, la guardò di sfuggita, scosse la testa.

« Tu dunque non vuoi vederlo? Pensaci bene: hai tempo tutto domani. »

« Ho già pensato: non voglio vederlo. »

« Allora andiamo giú e ceniamo. »

Scesero. Zia Paula aveva chiuso il portone, ed era andata a prendere il vino in cantina.

Prete Virdis pranzava e cenava in cucina, come un contadino; i suoi pasti erano frugali, ma inaffiati da abbondante e generoso vino. Anche quella sera bevette discretamente, poi cominciò a chiacchierare e a discutere con zia Paula, la quale ripeteva le cose dette da Gantine.

Prete Virdis s'irritava contro il servo "chiacchierone e leggero come una donnicciuola", ma non difendeva Paulu: Annesa ascoltava e taceva, come se i suoi ospiti non parlassero di lei, ma d'una persona che ella non avesse mai conosciuto o fosse morta da lungo tempo. D'un tratto però, mentre zia Paula andava di nuovo in cantina, ella sollevò gli occhi e disse:

« Prete Virdis, le domando una grazia: mi faccia partire domani mattina. »

« *Anghelos santos*, hai ben fretta, Anna. Fino a posdomani mattina non è possibile. »

« Mi faccia partire! Altrimenti mi avvierò a piedi, stanotte: bisogna che vada; è tempo. »

Zia Paula rientrò, con la bottiglia in mano, e ricominciò a borbottare:

« La botte è in agonia: vien giú appena un filo di vino. La nostra casa è diventata un'osteria. »

« Stureremo l'altra botte, cara mia: tutti i mali fossero come questo! »

Dopo cena prete Virdis uscí, e quando rientrò batté all'uscio della cameretta di zia Paula. Annesa era già a letto: aveva la febbre e sonnecchiava, immersa in una nebbia di sogni affannosi. Sentí benissimo la voce del prete, ma le parve di continuare a sognare.

« Annesa, domani mattina all'alba trovati vicino al ponte, e aspetta la vettura postale. Prima di andar via vieni su da me. Paula, vieni, ho da dirti una cosa. »

Zia Paula, in cuffia e sottanino, ricominciò a borbottare.

« Cosa vuoi? Neppure la notte mi lasci in pace! Non riposi e non lasci riposare. Devo andare a letto. »

« Vieni, anima mia; due parole sole. »

E quando furono nel cortile le disse:

« Bisogna prepararle un fagotto, mi pare; non bisogna mandarla via cosí. Avresti qualche sottana e qualche camicia da darle? »

« Tu diventi matto davvero, Micheli. Adesso vuoi anche spogliarmi, strapparmi la camicia, strapparmi anche la pelle! »

« Davanti al Signore compariremo senza camicia ed anche senza pelle » egli disse severamente, sebbene poco a proposito. « Meno chiacchiere, Paula; pensa a far un'opera di carità. »

« Ma non capisci che dentro una delle mie camicie ci stanno tre Annese? »

Questa ragione parve convincerlo; non insisté, e salí al buio la scaletta. E zia Paula chiuse la porta di cucina, rientrò nella sua cameretta, ma invece di coricarsi aprí la cassa, cercò qualche cosa, fece un fagotto: e nella cocca d'un fazzoletto annodò una moneta d'argento e mise il fazzoletto dentro il fagotto.

Prete Virdis, intanto, acceso il lume e chiuso l'uscio, guardava anche lui nel suo cassetto, contando il poco denaro che aveva. Fra questo poco c'era una monetina d'oro, da dieci lire, che egli aveva ricevuta da donna Rachele per la celebrazione di cinque messe funebri in suffragio dell'anima di Zua Decherchi. E poiché il resto del poco denaro era in rame e pesava troppo, egli decise di dare ad Annesa la monetina d'oro.

L'alba cominciava a rischiarare il cielo, sopra il monte San Giovanni. La grande vallata dormiva ancora, con le rupi, i muraglioni di granito, i cumuli di macigni, chiari appena fra il verde scuro delle fratte: e nel silenzio dell'alba triste, pareva, coi suoi monumenti fantastici di pietra e le sue macchie melanconiche, un cimitero ciclopico, sotto le cui roccie dormissero i giganti delle leggende paesane.

Il cielo era grigio; cinereo-violaceo in fondo all'orizzonte, sparso di nuvolette giallastre sopra i monti di Nuoro e di Orune velati di vapori color fiore di malva.

Annesa scendeva verso il ponte, con un fagotto in mano, e pareva timorosa di rompere il silenzio del luogo e dell'ora; il suo viso grigio e immobile, e gli occhi chiari dalla pupilla dilatata, riflettevano la serenità funebre del grande paesaggio morto, del grande cielo solitario.

Arrivata vicino al ponte, sotto il quale non scorreva piú un filo d'acqua, si mise dietro una roccia; e poiché c'era da aspettare un bel po', prima che la vettura di zio Sogos riempisse col suo fragore il silenzio dello stradale, sedette su una pietra e depose il fagotto per terra.

Poco distante sorgeva un elce con la cima inaridita, e alcune fronde d'edera, strappate dal tronco dell'albero, stavano sparse al suolo, non ancora secche ma già calpestate da qualche passante.

Ella le vide e ricordò che molte volte Paulu l'aveva rassomigliata all'edera. Addio, addio! Ora tutto è finito davvero. Ella ha ripreso il suo fatale cammino, che deve condurla lontano per sempre da quei luoghi dove un giorno è giunta cosí, come adesso parte, con un fagotto in mano e guidata da un vecchio misterioso che era forse il suo triste Destino.

Il cielo si copriva di vapori rossastri che annunziavano una giornata torbida e calda. Un'allodola cantò, da prima timidamente, poi sempre piú vivace e lieta: un roteare di carrozza risonò nello stradale. Annesa balzò in piedi, ascoltando. La carrozza s'avvicinava. Era la vettura di zio Sogos? Era presto ancora, ma il vecchio carrozziere aveva probabilmente anticipato l'ora della partenza; la vettura infatti, arrivata vicino al ponte rallentò la corsa e si fermò. Ella prese il fagotto, e si avanzò verso lo stradale: ma appena fatto qualche passo si fermò e un rossore lividognolo le accese il volto. Paulu Decherchi era lí, a pochi passi, fermo davanti a un carrozzino a due posti.

« Annesa! »

Annesa non si mosse; lo guardava spaventata, vinta da un sentimento di paura e di gioia. Egli le fu vicino e le disse qualche parola: ella non sentí. Per un attimo dimenticò ogni altra cosa che non fosse *lui*: se durante quel momento d'incoscienza egli le avesse preso la mano dicendo "torniamo a casa", ella lo avrebbe seguito docilmente.

Ma Paulu non le prese la mano, non le propose di tornare a casa ed ella si riebbe, vide che egli era invecchiato, imbruttito, e che la guardava in modo strano, con occhi cattivi.

« Che vuoi? » domandò, come svegliandosi da un sogno.

« Te lo dirò in viaggio. Cammina, su; montiamo sul carrozzino. Avremo tempo di parlare in viaggio. »

« Che vuoi? Che vuoi? Dove vuoi andare? » ella ripeté, ridiventata pallida e triste.

« Andremo dove vorrai. Ma cammina, andiamo; bisogna partire. »

« Io non partirò con te. »

Gli occhi di lui s'accesero d'ira.

« Tu partirai con me. E subito! Andiamo. Vieni. »

Allungò la mano, ma la ritirò subito, quasi che una forza e un disgusto superiori alla sua volontà gli impedissero di toccare Annesa; ed ella se ne accorse come sulla montagna s'era accorta della paura istintiva di prete Virdis. Tuttavia indietreggiò, scostandosi sempre piú da lui.

« Io voglio partire, ma non con te » disse con tristezza, ma senza rancore, fissando sempre negli occhi dispettosi di lui i suoi occhi spalancati. « Perché sei venuto? Sapevi che io non ti avrei obbedito. Non te lo ha detto prete Virdis? Io non verrò con te, non verrò piú. »

« Tu verrai invece, tu verrai! Ti legherò! »

« Puoi legarmi, trascinarmi: io scapperò appena potrò, te ne avverto. »

Egli incrociò le braccia nervosamente, come per comprimere un possibile scoppio di violenza; tremava tutto, e si avvicinava a lei, e se ne allontanava spinto e rispinto da sentimenti opposti, da ira e da passione, da pietà e da orrore. Ella non lo aveva mai veduto cosí, neppure nei momenti piú disperati, quando egli diceva di volersi uccidere; lo guardava, anche lei vinta suo malgrado da un sentimento di pietà e di umiliazione.

« Tu verrai con me » egli disse, seguendola fin sotto

l'elce, dietro il cui tronco ella s'era rifugiata « tu verrai con me, senza dubbio: se non oggi domani, verrai con me. Parti sola, adesso, se vuoi, ma bada bene a quanto ora ti dico: ti proibisco di fare la serva. Non sono un vile io, capisci, non sono un vile. Sono Paulu Decherchi, e so il mio dovere. Io non ti abbandono. Hai capito? »

« Ho capito. Tu non sei un vile e non mi abbandoni. Sono io che devo fare il mio dovere. E lo farò. »

« Lascia le parole inutili, Anna. Lasciamo le parole inutili, anzi: né io ti abbandono, né tu devi tormentarmi oltre. Sono stanco, hai capito, sono stanco! Sono stanco delle pazzie di prete Virdis, e delle idee che egli ti ha messo in mente. Sono stanco di tutto; è tempo di finirla! »

« Sí, è tempo di finirla, Paulu. Non gridare, non alzare la voce. Prete Virdis non ha che vederci nei nostri affari. Anche gli altri, i tuoi, si inquietano inutilmente: lasciatemi in pace e ritornate in pace. Non andare contro la volontà di nessuno e neppure contro la tua stessa volontà. »

« E allora è proprio contro la tua volontà che devo combattere? »

« Sicuro. »

« E perché? »

« Il perché tu lo sai: non farmelo dire. »

E d'un tratto gli occhi smorti di lei s'animarono, di un dolore quasi fisico.

« Tu lo sai » ripeté sottovoce. « Te lo leggo negli occhi. Va, non tormentarmi oltre. Tu ci hai pensato un po' tardi, al tuo dovere. Ma del resto è meglio cosí: quello che è accaduto sarebbe accaduto lo stesso, e tu mi avresti maledetto. Anche adesso, vedi, sei cambiato con me, Paulu! Io non sono piú Annesa: sono una donna malvagia. Ma vedi, cuore mio, io sono contenta che tu non mi maledica. Avevo paura di questo. Sono contenta che sei venuto, e non ti domando altro. Tu non hai, come credi, obblighi verso di me: io ho fatto quello che ho fatto perché era il mio destino: non l'ho fatto solo per te: l'ho fatto per tutti... per tutti voi... Ho fatto male, certo, ma ero come pazza, ero fuori di me: non capivo niente. Dopo, dopo, ho capito: e ho fatto un voto. Ho detto: se loro si salveranno, se io mi salverò, voglio castigarmi da me, voglio andarmene, voglio vivere lontano da lui, per non peccare piú. Ecco tutto: e ho fatto bene, perché tanto, tanto tu, Paulu, tu sei cambiato: tu ora hai paura di me, ed hai ragione. »

« Tu vaneggi; tu sei fuori di te » egli disse, stringendosi la testa fra le mani. « Non è vero niente! Non è vero! Non è vero! » gridò poi, come fuori di sé, rabbiosamente.

« Invece tutto è vero. Quello che è stato è stato. »

Ella scosse la testa, scosse le mani, quasi per scacciar via lontano da sé il passato. Egli parve calmarsi, convinto delle parole di lei. Chinò la testa e fissò le fronde appassite dell'edera: nel silenzio, dall'alto dell'elce, il trillo dell'allodola si spandeva sempre piú lieto.

« Che farai? » egli domandò. « Dove andrai? Tu sei malata, sei invecchiata. Che farai? La serva. Sai cosa vuol dire far la serva? Sai com'è la famiglia presso la quale devi andare? Io li conosco, i tuoi padroni. Gente avara, gente pretensiosa: essi non ti ameranno certo. Ti ammalerai, cadrai e ti seccherai inutilmente, come queste foglie qui. »

« L'edera stava per soffocare l'albero: meglio che sia stata strappata » ella rispose, intenerita dalla pietà che egli finalmente le dimostrava. E cadde a sedere sulla pietra, e nascose il viso fra le mani.

Paulu continuò a parlare: ella stava immobile, seduta sulla pietra, coi gomiti sulle ginocchia e il viso fra le mani, come quando, seduta sul gradino della porta che dava sull'orto, svolgeva nella mente il filo dei suoi tenebrosi pensieri: capiva che Paulu, in fondo, era contento di liberarsi di lei, e Paulu a sua volta, sentiva che le sue parole erano vane e non arrivavano fino all'anima di lei.

In lontananza risonò il roteare pesante della corriera.

« Vattene » ella supplicò. « Per amor di Dio, vattene! Lasciamoci in pace. Stringimi la mano: saluta i tuoi, don Simone, zio Cosimu, donna Rachele. Di' loro che non sono un'ingrata: disgraziata sí, ma ingrata no. Va: addio. »

Egli non si mosse.

La corriera s'avanzava, doveva aver già oltrepassato la svolta prima del ponte.

Annesa si alzò, riprese il suo fagotto.

« Paulu, addio. Stringimi la mano. »

Ma egli, pallidissimo, evidentemente combattuto fra il desiderio di lasciarla partire, e l'umiliazione che la generosità di lei gli imponeva, volse il viso dall'altra parte e ricominciò ad agitarsi.

« No, no! Io non ti voglio dire addio, né stringerti la mano. Ci rivedremo! Ti pentirai amaramente di quello che oggi tu fai. Vattene pure: non te lo impedisco; ma non ti perdono. Annesa, non ti posso perdonare: perché tu oggi mi offendi, come nessuno mai mi ha offeso. Va pure, va. »

« Paulu, cuore mio » ella gridò con disperazione. « Perdonami: guardami! Non farmi partire disperata. Perdonami, perdonami. »

« Vieni con me. Andiamo. Vado ad avvertire zio Sogos che passi diritto. »

Allora ella gli si avvinghiò al collo, per impedirgli di muoversi: e fra le braccia di lui, che l'accoglieva sul suo petto con un impeto di vera pietà, tremò tutta come un uccellino ferito.

« Andiamo, andiamo » egli ripeteva « andiamo dove tu vuoi. Dovunque si può fare penitenza: abbiamo peccato assieme, faremo penitenza assieme. »

La corriera arrivò, si fermò sul ponte. Annesa sentiva che Paulu le parlava con dolcezza e con pietà perché era certo che ella sarebbe partita: non le venne neppure in mente di metterlo alla prova: si staccò da lui, le parve di aver peccato col solo toccarlo. Senza dirgli piú una parola riprese il suo fagotto e si diresse verso lo stradale.

Egli non la seguí.

E anni e anni passarono.

I vecchi morirono: i giovani invecchiarono.

Conosciuta la storia di Annesa, la famiglia presso la quale ella doveva andare a servire, non volle piú saperne di lei. Ella dovette aspettare un bel po' prima di trovare servizio, e finalmente fu accolta in una famiglia di piccoli possidenti borghesi: il padrone tentò di sedurla, la padrona ogni volta che tornava dalla predica o dal passeggio e aveva veduto qualche signora piú ben vestita di lei, se la prendeva con la serva: un giorno la bastonò.

Non era la vita di penitenza sognata dalla donna colpevole, ma neppure una vita molto allegra; ad ogni modo, il tempo passò; Gantine venne a cercare la sua ex fidanzata, Paulu le scrisse: poi Gantine prese moglie, e Paulu parve rassegnarsi.

Annesa cambiò di padrone: capitò finalmente presso un vecchio sacerdote che tutti chiamavano *canonico Farfalla* perché camminava cosí lesto che pareva volasse. Canonico Farfalla godeva fama di astrologo perché ogni notte, dalle piccole finestre della sua casetta posta al confine del paese, guardava a lungo le stelle: quando accadeva qualche fenomeno celeste tutti ricorrevano a lui per spiegazioni.

Era un uomo colto, ma anche molto distratto. In breve Annesa diventò padrona della casetta e poté fare tutto quello che volle. Allora si acquistò fama di donna pietosa: fu veduta dietro tutti i funerali, fu chiamata ad assistere i moribondi, a lavare e vestire i cadaveri; tutti i malati poveri, le partorienti povere, i paralitici poveri, ebbero da lei qualche assistenza.

E cosí gli anni passarono. Una volta donna Rachele venne a Nuoro per la festa del Redentore; andò a trovare Annesa, l'abbracciò, e piansero assieme; poi la vecchia dama, pallida e triste nel suo scialle nero come la Madonna in cerca del Figliuolo morto, prese la mano della serva e cominciò a lamentarsi.

« I vecchi, tu lo sai, i vecchi sono morti. Rosa è sempre malata; Paulu è invecchiato; soffre di insonnia e di altri malanni. Anch'io, di giorno in giorno, mi curvo sempre piú, cercando il posto dov'è la mia fossa. Abbiamo bisogno di una donna fedele, in casa, di una donna affezionata e disinteressata. Abbiamo avuto una serva che ci rubava tutto: Paulu non è buono a niente: Rosa è invalida. Che accadrà di loro, se io morrò? »

Annesa credette che donna Rachele volesse proporle di tornare da lei, e sebbene decisa di rifiutare si sentí battere il cuore. Ma la vecchia non proseguí.

Qualche tempo dopo Annesa seppe che Paulu era ammalato di tifo: poi un giorno, verso la fine di autunno se lo vide comparire davanti come un fantasma. Era diventato davvero il fantasma di sé stesso: vecchio, magro, coi capelli bianchi, gli occhi infossati e i denti sporgenti. Durante tutti quegli anni aveva sempre continuato a vivere di ozio, di imbrogli, di vizi: il tifo, poi, gli aveva un po' ottenebrato la mente, lasciandogli una strana manía: egli credeva di essere stato complice di Annesa, nell'uccisione del vecchio, e ne provava rimorso. Ella si spaventò, nel vederlo. Egli le raccontò i suoi mali.

« Tutte le notti sogno il vecchio: qualche volta egli mi sembra il nonno Simone, il quale mi impone di venirti a trovare e di costringerti a sposarmi. Che facciamo, Annesa? Non hai rimorsi, tu? Non sogni il vecchio? »

Ella non era mai stata troppo tormentata dai rimorsi: s'era pentita, credeva d'essersi castigata abbastanza con l'abbandonare l'amante e la famiglia dei suoi benefattori, ma dopo i primi tempi non aveva piú sognato o veduto il vecchio.

« Che facciamo? » ripeté Paulu. « In casa mia c'è bisogno di una donna fedele e paziente: mia madre è vecchia, anche lei malandata: Rosa è tanto infelice, io sono un cadavere ambulante. Anna, ritorna, se vuoi fare penitenza. »

« Donna Rachele ha paura di me » rispose Annesa; « se ella vuole posso ritornare, ma finché è viva lei non parlarmi di matrimonio. »

« Allora è inutile che tu ritorni » egli rispose tormentato dalla sua idea fissa.

E se ne andò, senza neppure stringerle la mano. L'uno per l'altro, oramai, erano gelidi fantasmi. Un altro anno passò. Egli non la molestò oltre, ma coi suoi rimorsi, le sue paure, la sua idea fissa dovette impressionare donna Rachele, perché un giorno Annesa ricevette una lettera con la quale la vecchia dama la pregava di "ritornare".

Ella abbandonò con dolore la tranquilla casetta dalle cui finestre il canonico Farfalla parlava alle stelle e ritornò. La vecchia casa Decherchi pareva una rovina: la porta tarlata, i balconcini arrugginiti, sfondati, il cornicione coperto di erbe selvatiche, tutto, all'esterno, come nell'interno della casa, tutto era decrepito, pronto a cadere e a seppellire le tre meschine creature che l'abitavano.

Annesa rientrò piangendo in quel luogo di pena: vide donna Rachele coricata sul lettuccio, nella camera da pranzo, e trasalí: accanto al lettuccio stava seduta una vecchietta giallognola, un po' gobba, con due grandi occhi metallici che avevano uno sguardo strano, diffidente e felino.

« Rosa? Rosa mia! »

Ma Rosa non la riconobbe; e quando seppe che quella piccola donna che sembrava piú giovane di lei era Annesa, l'antica *figlia di anima*, la sua futura matrigna, la guardò con maggiore diffidenza.

« Rosa » pregò donna Rachele « va in cucina e fa scaldare un po' di caffè. »

« Posso andare io. Conosco la cucina, mi pare! » esclamò Annesa.

Ma Rosa trasse di saccoccia, con ostentazione, un mazzo di chiavi, aprí il cassetto della tavola, prese lo zucchero e disse:

« Tu non sai, non sai dove sono le provviste. Ora vado io, in cucina; sta lí con la nonna. »

E rimise le chiavi in saccoccia. Rimaste sole, donna Rachele disse alla sua antica *figlia d'anima*:

« Non contrariare la povera Rosa. Ella ci tiene, ad

essere la padrona del poco che ancora abbiamo. Non contrariarla, Annesa, figlia mia. Quando ha qualche dispiacere la povera Rosa cade in convulsioni. Non contrariarla. »

In quel momento rientrò Paulu: egli era stato a messa: qualcuno l'aveva avvertito dell'arrivo di Annesa.

« Che nuove a Nuoro? » le domandò semplicemente stringendole la mano. « Fa molto caldo? »

« Non molto » ella rispose.

Lo guardò. In un anno egli aveva finito d'invecchiare: aveva i capelli bianchi, i baffi grigi: pareva zio Cosimu Damianu.

« Paulu » disse sottovoce donna Rachele, « avvertivo Annesa di non contrariare la povera Rosa. Pregala, anche tu. Dille che... »

« Ma sí, ma sí! » egli disse con impazienza. « Annesa lo sa già che è tornata qui per far penitenza. Te l'ho già detto, Anna, mi pare. Te l'ho detto, sí o no? »

« Sí, sí » ella rispose.

Come in una sera lontana, ella apre la porta che dà sull'orto e siede sullo scalino di pietra.

La notte è calda, tranquilla, rischiarata appena dal velo biancastro della via lattea; l'orto odora di basilico, il bosco è immobile; la montagna col suo profilo di dorso umano, par che dorma distesa sul deserto infinito del cielo stellato.

Tutti dormono: anche Paulu che soffre di lunghe insonnie nervose. Da qualche giorno, però, egli è tranquillo: la sua coscienza sta per acquetarsi. Domani Annesa avrà un nome: si chiamerà Anna Decherchi. Tutto è pronto per le nozze modeste e melanconiche. Annesa ha preparato tutto, e adesso siede, stanca, sul gradino della porta.

E pensa, o meglio non pensa, ma sente che la sua vera penitenza, la sua vera opera di pietà è finalmente cominciata. Domani ella si chiamerà Annesa Decherchi: l'edera si riallaccerà all'albero e lo coprirà pietosamente con le sue foglie. Pietosamente, poiché il vecchio tronco, oramai, è morto.

«L'edera»
di Grazia Deledda
Oscar Scrittori del Novecento
Arnoldo Mondadori Editore

Questo volume è stato stampato
presso Arnoldo Mondadori Editore S.p.A.
Stabilimento Nuova Stampa - Cles (TN)
Stampato in Italia - Printed in Italy